人間関係の表記法

応用型

	A	B	C
A	W_{aa}	W_{ab}	W_{ac}
B	W_{ba}	W_{bb}	W_{bc}
C	W_{ca}	W_{cb}	W_{cc}

（単層）ソシオマトリックス

	自己 A	BC……他者………n	……もの・こと……m
A		対人的態度	態度
BC…他者……n…集団・神…k	被対人的態度	関係の推測（他者の自己）／関係の推測	他者の態度の推測
	圧力・お告げ	規範・規則	世論・制度

拡大ソシオマトリックス：Pモードの組成

　ソシオマトリックスは行方向に評価主体（誰からの荷重か），列方向に評価客体（誰に対する荷重か）が並ぶマトリックスである．列方向にイシュー・ソシオンが含まれるように拡張すると，図のように対人的態度以外の社会的態度一般も表現できるようになる．また行方向もソシオイドが含まれるように拡張すると，図のように集団や神など，目に見えぬ評価者をも表現することができる．ソシオイドが評価するイシューというのは，世論や制度，常識といった，私たちが何となく共有しているルールであるだろう．

ソシオン理論入門

心と社会の基礎科学

藤澤　等 監修

小杉考司
藤澤隆史
渡邊　太
清水裕士
石盛真徳 編著

北大路書房

まえがき

　ソシオン理論へようこそ！

　ソシオンは，心理学や社会学における「理論」であり，「モデル」です。学問の世界で「理論」なるものが確立するためには，多くの学者や研究者にチェックされ，その妥当性が確認されるというプロセスが必要です。当然そのためには，ある程度の時間がかかります。

　ソシオン理論は，1990年に最初の論文が書かれています。それは木村洋二，藤澤等，雨宮俊彦の3人が描いた，理論の基本設計でした。それから十数年の年月が流れていますが，それでもまだ若くて新しい理論であることに変わりはありません。

　去る2004年，日本心理学会第68回大会において，「ソシオン理論の展望—アイデアから研究プロジェクトへ—」というシンポジウムが開かれました。そのとき壇上にいたのが，ソシオン理論の第2世代と呼ばれる，われわれ筆者一同です。シンポジウムを終え，私たちは考えました。これからソシオン理論をより展開させるためには，もっとメンバーが要ると。もっと研究協力者が要ると。もっとソシオン理論に対する理解者が必要だと。そのためには，もっとわかりやすい言葉で，より多くの人たちに，ソシオン理論を知ってもらわなければならない，と。

　ソシオン理論が大阪・天六の喫茶店で産声を上げたように，第2世代の研究会が梅田の喫茶店「太陽2」で開かれるようになり，この本が生まれました。

　心とは何か？　社会とは何か？　それらはどのように結びついているのか？

　社会科学とは，この問いについて何らかの答えを出すためのものであるはずです。ところが残念ながら，われわれはいまだにどのような答えも得られていないのです。この問題を専門的に扱うはずである社会心理学においても，心はある，社会もある，心は社会の刺激によって変化する，とされているに過ぎず，正面きって「心とは何であるか」という本質に回答しようとはしてくれません。

　ソシオン理論は，この問題を正面からとらえています。心のなりたち，社会との交わり方，心の操作（演算）規則から心と社会の表記法に至るまで，この

問題に答えるための土台を整備するのがソシオン理論です。また，その土台から導かれる現象の読み取り方やデータの扱い方を示す基礎的な理論です。

　ソシオン理論は，哲学や心理学が教えてくれなかった心と社会の問題に回答するための，最後の砦といえるかもしれません。

　この本は，ソシオン理論に関する，「TOPIC」と「EPISODE」という2種類の話題から構成されています。トピックは，ソシオン理論独自の考え方や新しい知識について論じてあるところで，科学的真実性の高いパートです。エピソードは，ソシオン理論に基づいて考えてみると，世の中の事象はこのようにとらえられるんじゃないか，こうやって理解したらいいんじゃないか，という応用可能性について論じてあるところで，思考ゲームのようなお話パートです。各トピックやエピソードは，だいたい3〜4ページのうちにまとめられているので，興味のあるところだけサッと読むことができるようになっています。また，参照マーク（☞）があるところは，そのパートに関係する他のトピック，エピソードを紹介しているところですので，興味をもたれたらそのトピック，エピソードにジャンプしていただければと思います。

　もちろん，冒頭から通読していただいてもかまいません。各パートは，理論的な展開の順に，
　　§1　ソシオン理論の基礎
　　§2　コミュニケーションと自己
　　§3　二者関係のゲーム
　　§4　三者関係のロジック
　　§5　心と社会の2つのモード
　　§6　社会的現実とネットワーク
というテーマで配置してありますので，徐々に深まっていく人間関係モデルを楽しんでいただければと思います。

　ところで，本書の姉妹編として『カトリーヌちゃんのサイコロ』というものがあります。本書だけを見ると，ソシオン理論は難解だというイメージをもたれるかもしれませんが，そうではありません。むしろ，ソシオン理論はふだん

の生活のなかで感じるささいな疑問，関心について，しっかり考えて答えていこうとする理論です。そういった日常的疑問とともに，ソシオン理論を別の角度からながめるためにあるのが『カトリーヌちゃんのサイコロ』なのです。本書と併せて読んでいただければ，より理解がしやすいかと思います。

　本書は入門書であるということもあり，荷重操作の数式による表現は極力抑えるようにしました。とはいえ，荷重の記号表現などについては，ソシオン理論的な思考法を身につけるうえで重要だと思われましたので，やむなく形式的に表現した箇所もあります。

　ソシオン理論は本書で扱ったテーマ以外にも，さまざまな場面に応用することが可能です。荷重やネットワークのダイナミックス，荷重操作方略とゲーム理論との関連性，ソシオン理論の哲学的背景などについては，本書において詳しく論じることができませんでした。ソシオン理論についてより詳しく知りたい場合には，北大路書房より既刊の「ソシオンシリーズ」へと進んでいただくようおすすめします。本書で基礎的な思考法を身につけたうえで「ソシオンシリーズ」を読むと，ソシオン理論に対する理解もより深いものとなるでしょう。

　それでは，どうぞソシオン理論の世界をお楽しみください。

2006年3月

編著者一同

『ソシオン理論入門』もくじ

§1　ソシオン理論の基礎　　　　　　　　　　　　　　　1

TOPIC 0	ソシオンとは？	2
TOPIC 1	ネットワークとしての社会	4
TOPIC 2	心のなかにもネットワーク	7
TOPIC 3	対称化と視界	9
TOPIC 4	対称化のステップ	11
EPISODE 1	頑固さんと流されクン	14
EPISODE 2	脳神経と人間関係はどちらもネットワーク	16

§2　コミュニケーションと自己　　　　　　　　　　　19

TOPIC 5	3つの私（荷重Ⅰ・Ⅱ・Ⅲ）	20
EPISODE 3	精神的自己・物質的自己・社会的自己	23
TOPIC 6	ソシオン・モデル	25
EPISODE 4	ジョハリの窓を超えて	29
TOPIC 7	荷重の性質	31
EPISODE 5	コミュニケーションモデルにおける人と機械の違い	34
EPISODE 6	コミュニケーションのすれ違い	36
EPISODE 7	ソシオン・タイポロジー	38
EPISODE 8	ギブ・アンド・テイク	40

§3　二者関係のゲーム　　　　　　　　　　　　　　　43

TOPIC 8	矛盾最小化方略	44
TOPIC 9	荷重最大化方略	47
TOPIC 10	シーソーの運動法則	50
EPISODE 9	敵意と好意の返報性	53
EPISODE 10	固定性と流動性	55
EPISODE 11	ルサンチマン	58
TOPIC 11	社会的感情のキューブモデル	60
EPISODE 12	荷重布置と人間関係を表す言葉	63

§4 三者関係のロジック　　67

- TOPIC12　荷重の推移性　……………………… 68
- EPISODE13　認知均衡理論群　……………………… 70
- TOPIC13　認知的経済性　……………………… 72
- EPISODE14　不安と安心の波紋　……………………… 74
- EPISODE15　いじめのきっかけ　……………………… 76
- EPISODE16　嫉妬　……………………… 79
- TOPIC14　ネットワークで生じる権力　……………… 81
- EPISODE17　集団間の葛藤と推移性　……………… 84
- TOPIC15　ダイアッドのバランス　……………… 87
- EPISODE18　個人的な感情と社会的な感情　……… 90

§5 心と社会の2つのモード　　93

- TOPIC16　ソシオグラムと2つのモード……… 94
- TOPIC17　ソシオマトリックスから
  ソシオキューブへ　……………………… 97
- EPISODE19　家族における境界のズレ　……………… 100
- TOPIC18　2つのモードの表記法　……………… 103
- EPISODE20　龍の考える麒麟　……………………… 106
- TOPIC19　二層二者関係と荷重バランス　……… 108
- EPISODE21　カウンセラーは転移を知っている　……… 112
- EPISODE22　カルトの心理　……………………… 115

§6 社会的現実とネットワーク　　119

- TOPIC20　イシュー・ソシオン（モノとコト）…… 120
- TOPIC21　主観的実在とソシオイド　……………… 123
- EPISODE23　ネットワークとカリスマ　……………… 126
- EPISODE24　他者性　……………………… 128
- EPISODE25　ソーシャルリアリティ　……………… 131
- EPISODE26　心の万有引力　……………………… 133

文献案内　137
索　引　　149
あとがき　151

§1　ソシオン理論の基礎

　一人の人は，彼を認め彼のイメージをこころに抱いている個人の数と同数の社会的自我を持っている。これらの彼のイメージのどれを傷つけても彼を傷つけることになる。（中略）
　人が持っているもっとも特異な社会的自我は，彼が愛する物の心の中にあるものである。

W.ジェイムズ「心理学」

　時折観察されることだが，人間は，集団及び個人として，自然とであれ，他の人間や他の集団とであれ，また自分自身とであれ，逃れられないほどに絡み合って身動きできなくなることがある。

N.エリアス「参加と距離化」

TOPIC 0 ソシオンとは？

1．ソシオンとは，ネットワーク・モデルである

　ソシオン（socion）という言葉は，「神経回路網＝ニューラルネットワーク（neural network）を作るのがニューロン（neuron）なら，社会関係網＝ソーシャルネットワーク（social network）を作るのはソシオン（socion）だろう」（雨宮，2001）というところから名付けられています。このことからわかるように，**社会をネットワークという視点から見たとき，その一単位をソシオンと呼びます**。

2．ソシオンとは，人間関係モデルである

　社会というネットワークを作っているのは，もちろん一人ひとりの人間です。人間を簡単なモデルで表現しようというのですから，ソシオンには次のような特徴がなければなりません。

- ・ソシオンは内部状態をもつ……"自分の心"をもった存在だということです。☞**T5**
- ・ソシオンは他のソシオンと結合する……ひとりぼっちのソシオン，というのはありえません。必ず誰かと結びついて，ネットワークになってはじめて意味があります。☞**T1**
- ・ソシオンは自己回帰ループをもつ……自分自身とも結びついているということです。あるいは，「自己をもっている」ともいえます。☞**T5**
- ・ソシオンはチャネルを通じて，情報の入出力をする……ソシオンどうしはコミュニケーションをとる，ということです。☞**T4**
- ・ソシオンは荷重を操作する……ソシオンはあるルールに基づいて，（人間）関係を操作しようとします。自分の内部状態＝気持ちが，よりよい状態になるように，つまり幸せになるために，なんとかうまく生きていこうとする存在です。☞**T5**・**T7**

3．ソシオンとは，社会学，心理学，ネットワーク科学のツールである

　ソシオンは人間のモデルですから，人間のことを研究している心理学はもちろん，大勢の人間が作り上げている社会についての学問，社会学にも関係のあるモデルです。また，ネットワークのモデルですから，情報学やコンピュータ科学にも関係があるモデルです。上のように，ふつうの人間や人間関係をわざわざソシオンという言葉で言い換えて表現するのは，こういった複数の分野にも通用する，応用の可能性が広いモデルとして提案したいからです。研究の道具として生まれてきたモデルなのです。

　このため，ソシオンでは「人間関係を表現するのに，これだけは必要」とか「この程度のルールはどんなレベルにもあてはまるのではないか」ということを考えて，議論を進めていきます。

担当者（K）

TOPIC 1 ネットワークとしての社会

1．ネットワークとしての社会

　人間は社会的動物である，という言葉にあるように，人はひとりでは生きていけないものです。誰かと必ずつながって生きています。

　人と人とが結びつきあって作られるもの，それが社会と呼ばれるものです。人と人とが結びつく状態はいろいろありますが（親子のきずな，恋人どうし，片思いなど），その結びつき方（ネット）とふるまい（ワーク）をあわせてネットワークと呼びます。ネットワークとは，ただ誰かと結びついているだけではなく，直接結びついていない，たとえば自分が会ったことのない人からも間接的に影響を受けることがある，ということを暗に示しています。ちょっとふざけて言った冗談に，尾ひれがついてすごく大きなホラ話となってしまうというのも，大好きなあの人が私の知らないところで浮気しているのではないかと疑ってしまうのも，人間関係がネットワークを作っているからなのです。

2．ネットワークの定義

　ところで，私たちは日常生活でネットワークという言葉をよく耳にします。金融ネットワーク，人間関係ネットワークなどです。あるいはインターネットもネットワークの一例です。では，改めてネットワークとは何か，ときかれると，どれほど説明できるでしょうか？　イメージできるのは網の目（ネット）のような構造をもった何か，という方も多いかもしれません。それではネットワークとはどのようなものを指すのかを考えてみましょう。

　まず，ネットワークを考えるうえで「ネット」と「ワーク」を分けてみます。「ネット」は基本的に2つの要素で構成されると考えられます。1つは紐帯（英語ではtie；タイ）と呼ばれるもので，網の目の線の部分です。インターネットではパソコンどうしをつなぐ回線やLANケーブルなどがそれにあたります。もう1つは結節点（node；ノード）と呼ばれるもので，網の目の節（線

と線を結ぶところ）の部分です。インターネットではパソコンがそれにあたります。つまり，ネットワークとは結ぶもの（紐帯）と結ばれるもの（結節点）によって構成されているのです。

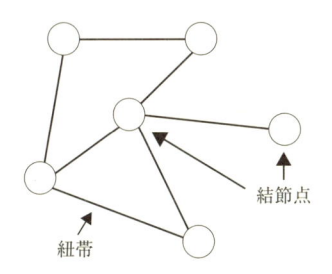

【図T1-1】ネットワークの要素

しかし，じつは結節点と紐帯だけでは「ネット」と呼ぶには足りない場合があります。それは図T1-2のように，直線的につながっている場合です。

【図T1-2】直線的つながりはネットではない

「ネット」になるには，ループを形成する必要があります（図T1-3）。つまり，ある結節点から紐帯によって別の結節点につながり，それがめぐりめぐって，もとの結節点に返ってくることが網の目の形成に必要不可欠なのです。このことから，「ネット」には3つ以上の結節点がなければならないことがわかります（2つだけではループが形成できません）。

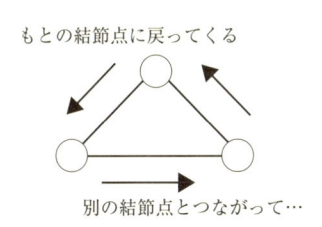

【図T1-3】ループの形成には3つ以上の結節点が必要

3.「ネット」と「ワーク」

　「ネット」の形成の条件を見てきましたが，結節点どうしがループを形成するだけではネットワークが機能しているとはいえません。ネットワークがシステムとして機能するには「ネット」だけでなく「ワーク」が重要になってくるのです。この「ワーク」とはネット上を何かが流れることをいいます。金融ネットワークでは，そこにお金の流れがあります。インターネットでは情報が，人間関係ネットワークでは友情や愛情が流れています。

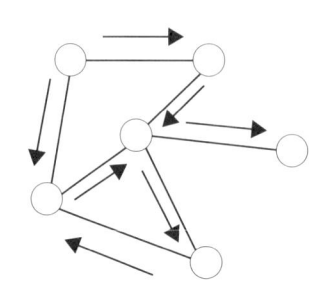

【図T1-4】ネットワークは流れがあって完成する

　ネットワークにおいて重要なことは，直接つながっていない相手からも，めぐりめぐって影響を受けるということです。間接的影響が累積する，あるいは複合的に影響を及ぼす，これがネットワークのネットワークたるゆえんなのです。

4．人間関係をネットワークで考える

　ネットワークの仕組みについてここで説明したのは，ソシオン理論には人間関係をネットワークとして考えようという前提があるからです。人間関係は，「情けは人のためならず」というように，他人へかけた「情け」が回りまわって返ってくるといったループ構造をもっています。また，コミュニケーションのような情報の流れや，好き・嫌いといった感情の流れが渦巻いています。人間関係を考えるうえで，ネットワークという考え方は非常に役に立つのです。

　人間関係ネットワークでは，紐帯が**関係**にあたり，結節点が**個人**にあたります。ソシオン理論では人どうしの関係の構造を考察し，そこを流れる何か（これをソシオン理論では荷重と呼びます。☞**T5**・**T7**）について分析することで人間関係を理解しようとしているのです。

担当者（S/K）

TOPIC 2 心のなかにもネットワーク

1．心の地図

　私たちは心のなかに，さまざまな人間関係についての知識をもっています。このような知識は，誰が誰のことを好きだとか，誰それは誰それが嫌いだとかといった，人の気持ちについての情報を統合したものといえるかもしれません。

　このような心のなかの人間関係ネットワークは，いわば心の地図といえるものです。この地図をもとに人の行動の指針が決まります。地図があるからこそ人間社会のなかで目標をもって旅することができるのです。

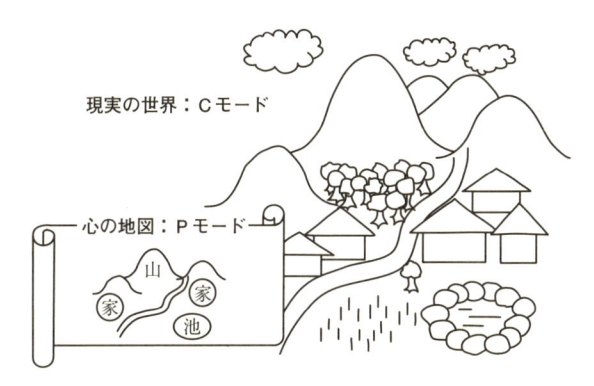

【図T2-1】心の地図と現実の世界

2．2つのモード

　私たちが人間関係について何か考える，ということができるのはなぜでしょうか。たとえば，お父さんとお母さんがケンカしたら，きっと家のなかの雰囲気が悪くなるだろうな，と考えてみましょう。このとき，実際にお父さんやお母さんに「ちょっとケンカしてみせてよ」なんてけしかけなくても，頭のなかで（ひとりで）想像することが可能ですね。いわば，人間関係のシミュレーションを頭のなかでやっているのです。シミュレーションをするには，ある程度お父さんやお母さんの**モデル**が頭のなか（＝心）に入っていなければなりませ

T2

ん。このように，私たちは人間関係ネットワークをいつでもシミュレーションできるよう，心のなかに社会と同じネットワーク・モデルをもっています。心と社会のネットワークは，1つのネットワークの2つの側面といってもいいかもしれません。ソシオンでは，ネットワークを心の側から見るとき，Personal ModeあるいはPモードのネットワーク，社会の側から見るとき，Collective ModeあるいはCモードのネットワークと呼びます。特にPモードのネットワークをPネット，CモードのネットワークをCネットと呼びます。

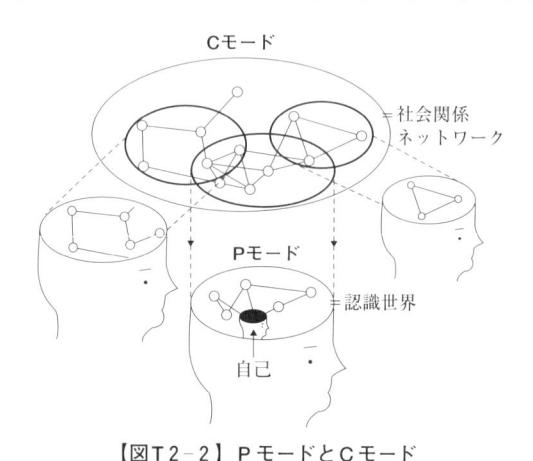

【図T2-2】PモードとCモード
各人のなかにあるのがPモード，社会全体がCモード。個々人のPモードどうし，あるいはPモードとCモードの状態が必ずしも一致しているわけではない

3．個人と社会

　私に関係する人たち，について考える場合はいつも，このPモードとCモードの両方を見比べて考えなければなりません。人間は，周囲の人々と自分を比較しながら，また周囲の人とコミュニケーションをとりながら（☞**T4**），ひとりの人間としての人格や個性を形成していきます。このように，「個人」の存在はみんなのおかげによるものです。もちろん，「みんな」とは，個人が集まって作り上げる全体像ですから，人がいなくなればできるものではありません。「個人」と「社会」，「私」と「みんな」は，いわばニワトリとタマゴのような関係で，どちらかが先にできたとかということもなければ，どちらかだけを考えていればよい，というわけではないのです。両方を同時に見るためのツールが，ソシオンなのです。

担当者（K/S）

TOPIC 3 対称化と視界

1．インタラクションとダイナミズム

　社会をネットワークという視点から見るというのはたいへん便利です。人間関係だけでなく，社会問題でも個人的な問題でも，ありとあらゆる問題をネットワークというキーワード1つで考えることができるからです。

　ここで重要な点は，ネットワークは1つしかないということです。要は，そのネットワークを心と社会のどちらからながめるか，という問題です。一人ひとりの心（Pモード）に注目することもできます。社会全体（Cモード）の問題をネットワークで分析することもできます。ただ，心と社会というのはバラバラに存在しているわけではありません。社会を構成している一人ひとりの心が変われば社会のほうもそれにつれて変わっていきます。逆に，社会のあり方が変わったので一人ひとりの心のありようが変わる，ということもあります（☞**T4**）。このように，一人ひとりの心と社会の相互作用（互いに影響を与えあうこと）に注目するのがソシオンなのです。

2．心と社会のルール

　PモードとCモードは1つのネットワークの異なる側面です。心と社会のどちら側から見るかという問題なので，本質的には同じもののはずです。しかし，ピタリと一致しないことも少なくありません。たとえば，Aさんに聞いたら「Bさんはお友達です」と答えていたのに，BさんはAさんのことなんか全然知らないし，実際に2人が出会った形跡もない，ということがあるかもしれません。このように，Pモードはその人の一方的な思い込みで，本当の姿を映し出していないかもしれないのです。では逆に，Cモードが正しいかというと，そうでもありません。じつは恋人どうしなのに，周囲の人にはずっと黙っていて，後で聞かされて周囲はびっくり，ということもあるでしょう。これはCモードがPモードをちゃんと反映していなかった例です。

T3

　このように，PモードとCモードが一致していないといろいろ面倒なことがあります。そこでPモードとCモードの相互作用のルールとして，両者はなるべく一致するように働く，と考えましょう。これを**対称化の原則**といいます。

3．視界という名の限界

　Pモードは対称化の原則に従って，できるだけ正しく社会をとらえようとします。ですが，どれほど親しい友人にも，自分の知らないほかの友人や知人，家族のメンバーやそこでの出来事など，どうしてもふれられない部分があることでしょう。このように，1人の人間が他人のことを知るには限界があります。ある人が知り得るネットワークの範囲のことを特に**視界**といいます。

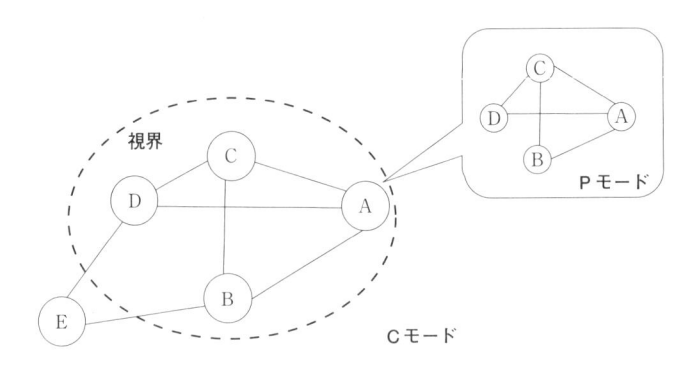

【図T3-1】視界はPモードの限界
EはAの視界の外なので，AのPモードには入ってこない

　相手のことが急に理解できなくなった，などということがあれば，それはきっとあなたの視界の外で何かが起こったからに違いありません。　　担当者（K）

TOPIC 4 対称化のステップ

1．心と社会の架け橋：コミュニケーション

　心（Pモード）と社会（Cモード）は互いに互いを映し合うものです。2つのモードには同じものが映っているはずですが，視界の問題や，個々人の思い込み，誤った推測などで微妙にずれてしまう可能性があります。

　これを一致させるためには，2つのモードの間で情報のやりとりが必要になります。このための情報のやりとりを**コミュニケーション**といいます。

2．コミュニケーションの4ステップ

　ネットワークにおける2つのモードの情報交換という意味でコミュニケーションを考えると，それは4つのステップを経て進むものだといえます。

　第1にCモードの情報をPモードにコピーする**畳み込み**のステップです。ただ写すだけであれば，これで対称化（☞**T3**）は成立するはずですが，人間は思い込みで判断することも多いので，しばしば歪められて写し込まれます。

　第2にPモードのなかでの**操作（オペレーション）**です。これは畳み込んだ情報をもとに，今後自分がどのようにふるまいたいのか，どのような関係であれば満足できるのかを決めるところです。少ない情報から全体像を復元する推測のステップでもあります。もちろん，誤った推測（あの2人は好き合っているんじゃないかな？そうだ，そうに違いない！といった感じで）をしてしまうこともあります。

　第3は，Pモードでのプロセスに従って，Cモードのほうを操作する段階です。これは畳み込みの反対で，**広げ返し**といいます。これがうまくいけば，またまたPモードとCモードは一致して，めでたしめでたしなのですが，Cモードは社会のモードですので，ひとりの広げ返しですべてがうまくいくわけではありません。

　第4のステップ，Cモードでの**変化**は，個々人には予測できない結果を引き

T4

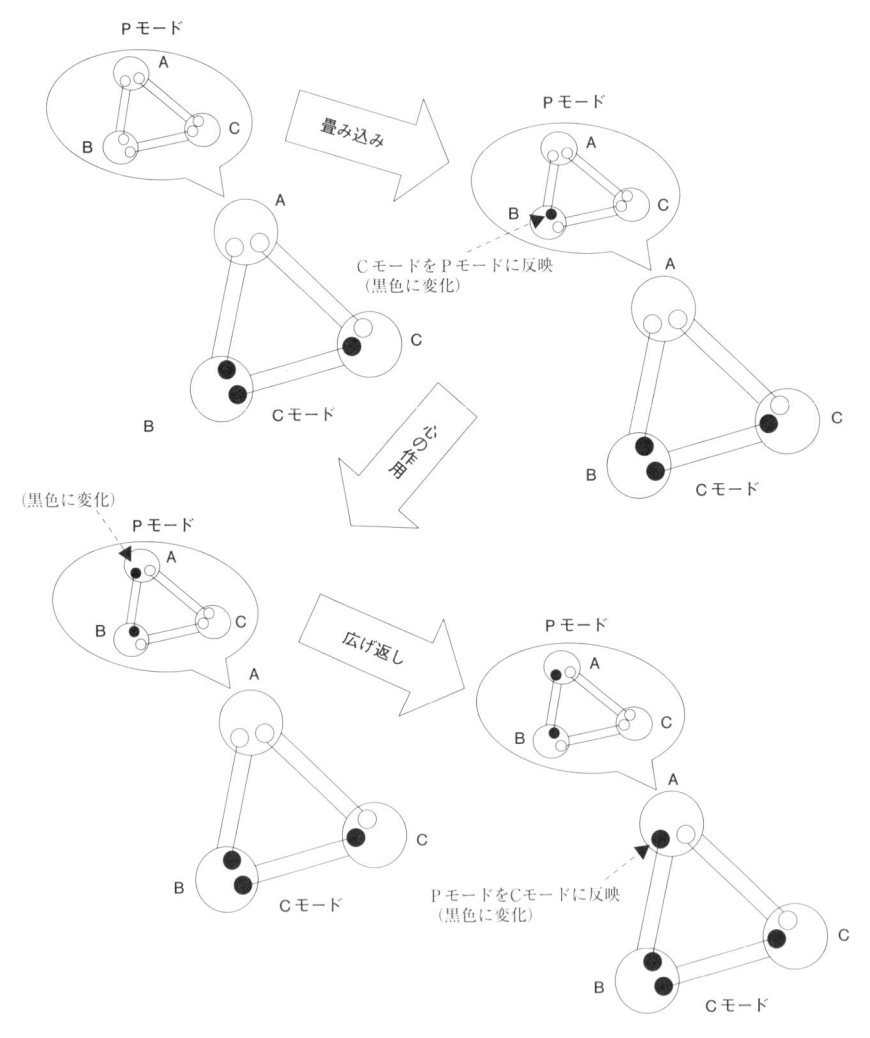

【図T4-1】コミュニケーションの4ステップ
図の見方については、TOPIC5を参照（☞**T5**）

起こすこともあります。この4つのステップの後，もう一度，第1のステップに戻ります。

心理学では広げ返しを行動，畳み込みを認知と呼んできました[*1]。しかし，CネットとPネットの間のやりとりを，Pモードを中心に考えるわけにはいきません。現実と心の関係をできれば同時に，並列的にとらえる必要があります。それは，私たちの人間関係とは頭のなかだけで行われているのでも現実のなかだけでもなく，両方がともに本当の人間関係として存在するものだからです。

3．コミュニケーション・エラー

ところで，Pモード側では畳み込みと（心理的）操作の段階にエラーが生じます。前者は，きちんとCモード情報を取り込めない，という問題で，先入観や偏見という言葉で表現されてきました。情報を取り込む前に，あらかじめ「○○に悪い人はいない」とか，「○○な人は××なものだ」という心の構えがあると，きちんと情報を取り込めなくなるのです。

後者の操作段階での問題は，手元にある情報から間違った結論を出してしまうことです。原因を何かの要因に帰することを帰属といいますが，たとえば「雨男，雨女」という表現も帰属によるエラーの例です。これは「あの人が来るといつも雨が降る。きっと彼は雨男だ」というように，天気の移り変わりを人のせいにしてしまうことです。しかし，あたりまえのことですが，そもそも人間がいくら努力しても天気が変わるはずがありません。他にも邪推するとか，勘違いしているとかいったことはすべてPモード側で生じるエラーです。

このようなエラーがあちこちで起こりますから，人間関係は単純になり得ないのです。

担当者（K/S）

---

*注1　木村洋二のモデルでは，「畳み込み」「広げ返し」を「くり込み」「くり出し」と呼びます。また社会学では一般に，「内在化」「外在化」と呼ぶプロセスでもあります。

EPISODE 1 頑固さんと流されクン

1．ネットワークの視点から見た人間のタイプ

　私たちはよく，「あの子は○○な感じの子だ」とか，「あの人は△△タイプの人ね」といった感じで人を類型化します。あるいは，占いなどでも「あなたは××型です」といった結果が得られます。人間をいくつかのタイプに分けてしまおうというのは，頭のなかをすっきり整理するため，言い換えれば頭がいちいち考えるのを嫌がるため，というのが理由です。

　しかし，このような類型は，えてして個人的・個別的なものです。生年月日や身体的特徴をもとに「あなたは○○型です」と分けてしまうのは，ネットワークを基礎とするソシオンにはありません。

　では逆に，ネットワーク的視点に基づいた類型とはどのようなものでしょうか。

　周囲からの影響を考えるのがネットワークですから，大別すれば周囲からの影響に対して，強い人と弱い人に分けられるでしょう。強い人を言い換えれば頑固な人です。弱い人を言い換えれば周囲に流されるタイプの人です。ここでは簡単に，前者を頑固さん，後者を流されクンと呼びましょう。

2．頑固さんと流されクンの特徴

　頑固さんの特徴は，まわりに影響されずわが道を行くというところにありますから，考えがワンパターンです。「何か食べたい？」と聞くといつも「チキンライス！」と答えてくる人には，わざわざ質問しなくても「あの人はどうせチキンライスが食べたいって言うよ」と，簡単に行動が予想できます。これは嫌な人でなければ，たいへんつきあいやすい相手です。思ったとおりのことを思ったとおりにしてくれる，わかりやすいところがあるわけです。

　ところが，欠点もあります。周囲の情報に左右されないので，状況の大きな変化についていけず，問題に対処するにしても手遅れになってしまうかもしれないのです。いつも時代遅れのファッションだなぁ，なんて揶揄されるかもしれません。

　一方流されクンの特徴は，周囲の情報をうまく取り入れるので，状況の変化に柔軟に対応できることです。臨機応変，新しいものには敏感で，常に時代の最先端。いつも誰もが考えつかないようなアイデアを出してくれる。

　これだけ聞くと，なんだ流されクンのほうがいいキャラクターじゃないか，と思う

かもしれませんが，長所が逆に欠点にもなります。たとえば，柔軟すぎて，変えなければよかったことまで変えてしまったり，長い目で見ると矛盾したことをしてしまったりすることがあります。あるいは，「何食べたい？」と聞いているのに「なんでもいいよ」と返ってくる。これでは相談しがいがありません。

3．ソシオン・ネットワークのデザイン

　ところで，自分は流されクンタイプだとか，あの人は頑固さんタイプだ，と判別することが重要なのではありません。人はその時その時に応じて学習し，成長し，変化するものですから，その時々に応じて，あるいは問題に応じて，どちらかのタイプでやっていけばよいのです。

　頑固さんと流されクンという2つのタイプは，人だけではなくグループにもあてはまります。時代の波に乗れる会社，決まった戦略で攻めてくるチーム，などです。

　頑固さん，流されクンのどちらのタイプも，そのグループ内部のネットワークの性質によって決められています。結節点どうしの結びつき方（結びつきの強さ，結びついている数）によって，柔軟に対応できるかそうでないかが決まるのです。ソシオンでいえば，結びつきの強さは荷重にあたります。結びつきの数は視界に対応します。

　ソシオンは個人の性質もグループの性質も荷重と視界の関数で表現しようとします。いい人，いいグループ，いい人間関係のデザインへのヒントはここから生まれてくるに違いありません。

　もう1つのソシオン類型については，EPISODE 7 も参照してください（☞**E7**）。

担当者（K）

EPISODE 2 脳神経と人間関係はどちらもネットワーク

1. 脳神経と人間関係

　脳は莫大な数の神経細胞（ニューロン）と，そのネットワークから構成されています（ニューラルネットワーク）。1つ1つの神経細胞は自らが結合している多数の他の神経細胞から信号を受け取り，その信号に対してYes/Noのどちらかの返答をします。そしてまた，その2種類の返答が他のニューロンに対する入力信号となるわけです。脳の情報処理とは，じつはたくさんのニューロンの信号のやりとりの結果なのであり，私たちが物を見たり，音を聞いたり，考えたり，判断したりすることができるのは，ニューロン間のコミュニケーションが成立しているからなのです。

　ここで人間関係に目を転じると，ニューラルネットワークと人間関係ネットワークがいかによく似ているかについて理解できると思います。社会は莫大な数の人間と，そのネットワークから構成されています。一人ひとりの人間は，自分のまわりの人間から情報を得て，それに対して返答します。同様に，その返答がまた他の人間の情報となります。すなわちニューロンと人間は，構造的な面（物理的形態）は非常に異なりますが，機能的な面（働き）からいえば，コミュニケーションを行う情報処理ネットワークであるという意味で同じです。ソシオン理論は，神経ネットワーク（neuro-）の単位（-on）をニューロン（neuron）と呼ぶことになぞらえて，1人の人間を社会ネットワーク（socio-）の単位＝**ソシオン**（socion）とみなしたことからスタートしました。

2. ニューラルネットワーク（PDPモデル）

　ニューラルネットワークが行っている情報処理は，1つ1つのニューロンがバラバラに処理をするので並列分散処理（Parallel Distributed Processing），また英語の頭文字をとって**PDPモデル**とも呼ばれています。特に神経ネットワークをコンピュータ上でシミュレーションしたモデルをPDPモデルと呼ぶことが多いようです。PDPモデルは非常にすぐれたモデルで，文字や顔などのパターン認識，言語処理などに応用されています。ここでのポイントは，上でも述べたように，1つ1つのニューロンはとても単純な情報処理しかしていないという点です。にもかかわらず，それがネットワークを構成すると，顔の判別など複雑で高度な情報処理が可能になるわけです。

PDPモデルはそのネットワーク形態から，大きく2つのタイプに分類することができます（図E2-1）。図E2-1ではどちらのタイプのネットワークも，簡略化のためにニューロンは数個しか記述されていませんが，一般的なモデルでは数十個から数千個まで，多くのニューロンが用いられることになります。1つめは**階層型ネットワーク**と呼ばれるもので，主にパターン認識によく用いられます（図E2-1(a)）。階層型ネットワークは，底辺にある入力層から信号の入力がなされ，その信号は中間層でまとめられ，最後に出力層が中間層の信号をもとに決定を下します。たとえば，入力層にさまざまな顔写真が入力された場合，出力層ではその顔が男性であるか，女性であるかを判定するといった作業がなされます。中間層は「男性」と「女性」を区別するための重要な情報（たとえば髪の長さなど）を処理しています。

　2つめは**相互結合型ネットワーク**と呼ばれるもの（図E2-1(b)）で，入力層や出力層といったような明確な区別はありません。まずはじめに，すべてのユニットに入力がなされた後，ネットワークは互いに信号のやりとりを行い，信号のやりとりをこれ以上行ってもネットワークの状態が変化しない，いわばネットワークが「妥協点」に達するまで待ちます。妥協点に達したネットワークの状態がネットワークの「答え」，すなわち出力となるわけです。相互結合型のネットワークは「妥協点」という言葉にも表れているように，たくさん考えられる回答のなかから「最もよい」回答を選択するという課題を得意とします。たとえば，たくさん考えられる経路の選択肢のなかから，最もよいものを選択する（巡回セールスマン問題など）といった課題などがあげられます。

(a) 階層型　　　(b) 相互結合型

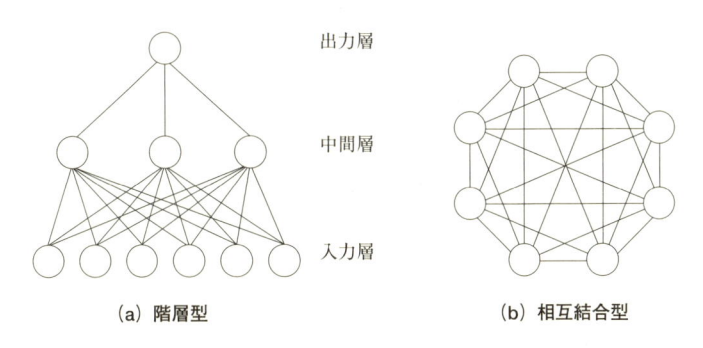

【図E2-1】ネットワークの2つのタイプ

3．人間関係のコミュニケーション・ネットワーク

　人間関係においても同じようなタイプのネットワークがみられます。企業などの組織が階層型ネットワークになっているのは，入力層にあたる平社員が企業の外から情

報を得て，中間層にあたる管理職がそれらの情報をまとめあげます。最後にトップがそれらの情報をもとに重要な決定を行うわけです。さらに組織は1つの目的をもっているのがふつうです。PDPモデルの場合には「顔の判別」，企業の場合には「利益追求」といったように，ネットワークにとってしなければならないこと（＝課題）が明確である場合には，たくさんの情報を得て，それらを要約し，最終的に決定を行うという，階層型のネットワーク構造が望ましいのだといえるでしょう。

　逆に同じ組織内だとしても，ミーティング場面などは相互結合型ネットワークとしてとらえることができます。ミーティングで行うことは，まさにたくさん存在する選択肢のなかからよりよい選択肢を決定するということです。企画面や技術面，営業面などさまざまな角度から問題をながめ，どの面からも満足できる回答を選び出さなければなりません。階層型ネットワークのようにスピーディーな問題解決は不得意ですが，ネットワークが相互結合型であることによって，一人ひとりからでは思いもよらなかった課題解決策が生まれ，またベストな選択肢を採用することができるのだ，といえるでしょう。

担当者（J）

§2　コミュニケーションと自己

　　すべてがすべてのなかに
　　ひとりひとりがすべての人のなかに
　　すべての人がひとりひとりのなかに

　　すべての存在がそれぞれの存在のなかに
　　それぞれの存在がすべての存在のなかに

　　すべてがそれぞれのなかに
　　それぞれがすべてのなかに
　　　　　　　　　　　R.D.レイン「結ぼれ」

　「髪を切ってしまったのか？」とジムはようやく，どんなにけんめいに考えても明白な事実を理解できないかのように，言った。
　「切って売ったわ」とデラは言った。「もう前のようには私を好きでないと言うの？　髪がなくても私は私でしょう？」
　　　　　　　　　　　O.ヘンリー「賢者の贈り物」

TOPIC 5　3つの私（荷重Ⅰ・Ⅱ・Ⅲ）

1．本当の私はどこ？

みなさんは一度くらい「本当の私」とはどんな「私」か，と考えにふけったことがあると思います。この友達グループでの私は本当の私じゃないから疲れるとか，恋人といる私はとても私らしいとか。多くの人は，自分だけが知る自分への気持ちを「本当の私」と思っているのではないでしょうか。しかし，もしそうだとすると「私」は他の人とかかわりをもつことのないものになってしまいます。人は人間関係のなかで生きています。そのなかで「私」も変化していくのです。では，その「私」とはどこにいるのでしょうか。

2．3つの結びつき

ソシオン理論では人間関係をネットワークとして考えることを本書のはじめに述べました。人と人の結びつきが網のように広がって，人間関係ネットワークが形成されていきます。あなたが好きな恋人，嫌いな友人，いつも見守ってくれる親など，たくさんの人と関係をもって生きているのです。

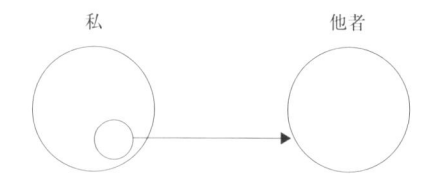

【図T5-1】私から他者への気持ち：荷重Ⅰ

図T5-1は「人が誰かを思う気持ち」で，人が他人に与える結びつきを図にしたものです。いつも頭に思い浮かべる恋人，家族に対してもつ思いやりの気持ちなどが示されています。ソシオン理論では，これを**荷重Ⅰ**といいます。荷重とは人と人を結ぶつながり，そしてその強さを表す言葉です。荷重が大きいほどその関係は重要であることを表します。図T5-1を見ればわかるよう

に,「私」のなかに他人が存在していて,そこから他者へとつながっています。これは「私のなかの他者」への気持ちを表しているからです。

　図T5-2に示したのは,「誰かが私を思う気持ち」,あるいは「誰かに思われている気持ち」で,他人から与えられる結びつきです。これを**荷重Ⅱ**といいます。荷重Ⅱは自分がもつのではなく他人がもつものなので,自分では変化させることが難しい部分です。私の一部にもかかわらず他者がもつもの,という考え方には少し戸惑うかもしれません。しかし,私たちはそうやって自己を共有しているからこそ関係をもつことができるのです。他者から自分への評価（荷重Ⅱ）をもっていないとしたら,私たちはその社会で生きているとさえいえないのです。荷重Ⅱは社会で生きるうえで非常に重要な荷重です。

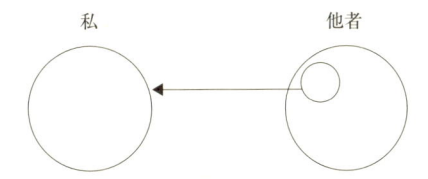

【図T5-2】他者から私への気持ち：荷重Ⅱ

　最後にもう1つ。自分が自分に対してもつ結びつきで,自信や自己評価,あるいは自分のもつ存在感といった気持ちを図T5-3に示しました。これを**荷重Ⅲ**といいます。荷重Ⅲは自分自身との関係なので,他人がうかがい知ることが難しいものです。同様に,自分が他人の荷重Ⅲについて知るのもほぼ不可能です。荷重Ⅲは自分自身への気持ちとはいえ,ほかの荷重と関係がないわけではありません。人から多くの評価を得ることができれば,それだけ自分自身に対する評価も大きくなるでしょう。荷重Ⅲは荷重Ⅱに影響されるものであり,荷重Ⅱによって形成されるものでもあります。また,荷重Ⅲが大きいほうが人

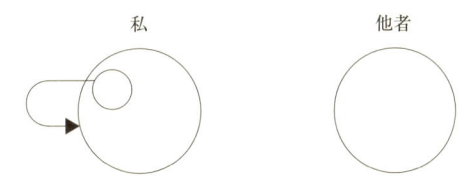

【図T5-3】私から私への気持ち：荷重Ⅲ

に対して大きな荷重を与えることができるでしょう。荷重Ⅲは荷重Ⅰに影響を与えるものでもあるのです。

3．3種類の私

　ソシオン理論では，これら3種類の荷重を，私Ⅰ・私Ⅱ・私Ⅲとも呼びます。なぜなら，それぞれの荷重のどれもが「私という存在」を構成するのに欠くことのできない重要な要素と考えているからです。図T5-4には，社会のなかで生きる「私」を示しました。

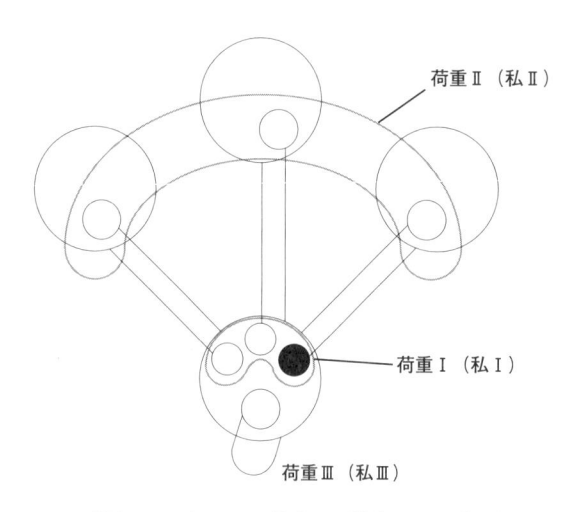

【図T5-4】3つの荷重から構成される「私」

　このとき，ソシオン理論では，たとえば「『自分のなかの自分』である，荷重Ⅲのみが本当の『私』である」などとは考えません。人間関係ネットワークのなかに埋め込まれている3つの荷重すべてが等しく「私」なのです。人から好かれるとうれしかったり（荷重Ⅱ），恋人を好きな自分が大切だったり（荷重Ⅰと荷重Ⅲの結びつき），どれも人にとって重要な側面をもっているのです。そして，この3つの荷重はさまざまなルールによって変化し，「私」を，そしてネットワーク全体を揺り動かしていきます。そのようなルールやふるまいを考えることが心と社会を考えることになるのです。

担当者（S）

EPISODE 3　精神的自己・物質的自己・社会的自己

1．自己紹介で……

　あなたは「自己紹介をしてください」と言われたとき，いったいどんなことを話すでしょうか。自分の名前や職業，あるいは「こんな音楽が好き」といった自分の好みでしょうか。それとも「とにかく明るいです」や「負けず嫌いです」といった自分の性格でしょうか。自己紹介で明らかにされるようなその人の属性，性格，そして能力などの，さまざまな精神的な側面はもちろんその人の「私」というものを構成するものの一部分といえます。また，そういうふうに自己紹介をしている途中で「私は……」と言いながら人差し指で自分の鼻をさしたり，胸に手を当てたりといったようなジェスチャーを使うこともあるでしょう。本人が「私は……」と言いながら指し示している対象もまた，自己紹介の文中にはっきりとした形で出てくることはなくても，その人が私だと認識しているものの一部といえるでしょう。紹介すべき自己とは，しかし，これですべてでしょうか？

2．精神的な自己

　まず「私」というものの精神的な側面，**精神的自己**について，もう少し深く考えてみましょう。精神的な側面といっても，自分が自分でそう考えているというだけで，たとえば「負けず嫌い」というような自分についての理解が成り立っているのではなさそうです。ここには他者というものの存在が深くかかわっています。なぜなら「負けず嫌い」というからにはもちろん競争する相手がいるはずですし，さらには自分の負けず嫌い度と相手の負けず嫌い度を自分なりに比較して「ふーん。自分ってやっぱり負けず嫌いなんだ」と理解しないと，そうであると言い切れないからです。他に「地位」「役割」といった自分の特徴も，他者の存在が必要です。たとえば「職業」ということについても，その職業がどんな内容のものであるかというだけでなく，どう評価されるものであるのかについて，他者や世間が大きくかかわっているのです。たとえば「職業は教師です」と言った場合，教師という職業がどういった価値をもつかについては，自分というよりは世間が決めているといえます。

3．物質的な自己

　次に，「私」というものの物質的な側面について考えてみます。**物質的自己**は，肉

体にさわってみたり，指し示したりすることができるので，確かな自分がそこにいるように感じます。しかし分子レベルでみると，数か月もすると自分の体を構成しているタンパク質などの要素は，新陳代謝によってすべて新しいものと入れ替わっています。つまり物質的自己といっても，けっしてそこに安定的に存在し続けるわけではないのです。あるいは，爪を切ったら自分が減ったとか，髪の毛が伸びたから自分が増えた，と感じる人はいないでしょう。このように，物質的なものだけが自分であるということはできないのです。

4．"自己"のある場所

「私」というものの構成される仕組みというものについて考えるときには，他者とのやりとりのなかから構成されてくる社会的な側面ということに注目することが大切です。「私」というのは精神的な側面や物質的な側面といったカラダのなかに閉じ込められているものではなく，他者が自分に対して抱いている印象や感情もひっくるめて「私」であると考えなければならない，というのがソシオン理論の根底にある考え方です。

【図E3-1】自己の3つの側面

これはかなり大胆な試みと思えるかもしれません。ふつう「私」というときには，自分の物質的な側面や精神的な側面については意味していても，他人が私に対してどう思っているのかなんてことは，勝手に相手が思っていることであって，私の一部ではない，と考えるからです。しかし，私たちが実際に生きている世界では，心理的で社会的な自己ほど大切なものはありません。本書ではこのことをさまざまな角度から議論していきます。

担当者（I）

TOPIC 6 ソシオン・モデル

1．人間関係の描き方

　人間関係を表現するために，ここでは2つの方法を紹介します。1つはソシオグラムと呼ばれる図形として描く方法，もう1つは記号で書く方法です。
　まず，TOPIC 5（☞**T5**）でも少しふれましたが，図形表現から。
　話を簡単にするために，登場人物がワタシとアナタの2人から始めましょう。
　ワタシとアナタがいるので，まず2つの円を描きましょう（図T6-1）。次に，ワタシはアナタのことを「好きだ」とか「嫌いだ」とか思っていますから，その気持ち（＝**荷重Ⅰ**）を小さな丸で，ワタシの中に描き入れてみます（図T6-2）。もちろん，アナタもワタシのことをなんだか考えているはず（**荷重Ⅱ**）ですから，それも描き加えなければなりません（図T6-3）。これで終わりでしょうか？　いえいえ，「ワタシの思うワタシ」というのがあります（**荷重Ⅲ**）。ワタシって，やさしくって，おっちょこちょいで……という自分のイメージですね。これはワタシの中にあって，ワタシに向けられたイメージですから，ぐるりと自分に取り込まれた丸を付け加えます。もちろん，アナタも同じようにアナタ自身のイメージがあるはずですから，それを描き入れておきました（図T6-4）。これで2人の関係図のできあがりです。なんだかとっても複雑な図になりました。
　荷重は，正と負の向きをもち（**荷重価**），「少し好き」とか「とても嫌い」といった大きさをもちます（**荷重量**）。荷重価は荷重円に色をつけて表現します。好きだとか尊敬しているというポジティブな価のときは白円で，嫌いだとか見下しているというネガティブな価のときは黒円で描きます[注1]。荷重量は荷重円の大きさ（直径）で表現できます。図T6-5に描かれている二者関係を，すべて読み取ることができるでしょうか。試してみてください。

---

*注1　この方法の他に，2人を結ぶ関係線について，好きを実線，嫌いを点線で表現したり，関係線の側に好きであればP，嫌いであればNと書き添える方法もあります。

T6

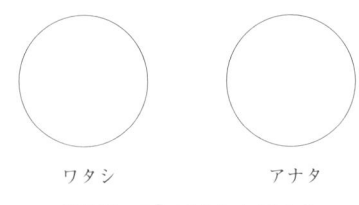

【図T6-1】ワタシとアナタ

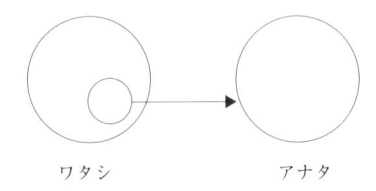

【図T6-2】ワタシのなかの荷重

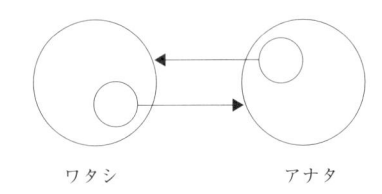

【図T6-3】アナタからの荷重

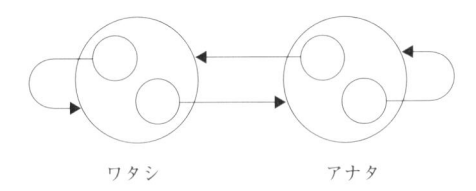

【図T6-4】二者関係

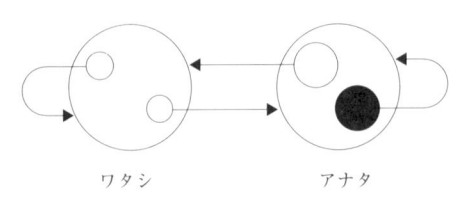

【図T6-5】荷重価・荷重量を表した二者関係
「私はあなたのことが少ししか好きじゃないのに，あなたは私のことをかなり好きでいてくれる。あなたは自分のことが嫌い。私は私のことが少し好き」という表現

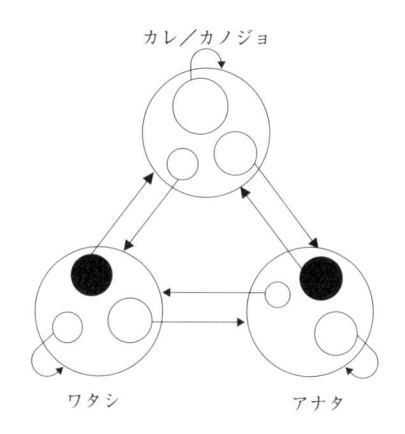

【図T6-6】三者関係のソシオグラム

　ちなみに，これを3人に増やしたものが図T6-6です。たった3人の友達しかいない世界でも，結構複雑なものです。ましてや，本当の人間関係図はもっと複雑ですね。

2．人間関係の記号表記
　図形表現をすると，人数が増えたときに大変になります。3人でも図T6-6にあるような複雑さですから，4人以上になると，紙のスペースもたくさんいるし，描き間違いも多くなるでしょう。

　そこで，これを記号として表現することを考えてみます。

　まずワタシとアナタの2人からはじめますが，ワタシとアナタというのも簡略化して書くべきです。そこでこれをソシオンa，ソシオンb，あるいは単にa，bと呼びましょう。

　次に，aがbのことをどう思っているか，つまりソシオンaの荷重Iの表記法を考えます。ソシオンaからbに対する荷重ですから，a→bとしてもよいのですが，矢印が面倒なので単にabとします。ただのabだとソシオンabというのがあるみたいなので，荷重を意味する英語Weightの頭文字を使って，

　　　W_{ab}

と書きましょう。Wの右下に小さく書くことを添え字といいますが、これでaからbに対するWeightを表しているとするのです。必然的に、荷重IIはbからaへのWeightですから、W_{ba}となりますし、荷重IIIはaからaへ、あるいはbからbへのWeightと考えてW_{aa}, W_{bb}と書けばよいでしょう。

このような記号表現をしておくと、人数が3人、4人となっても、記号をc、d、e…と増やすだけなので、W_{ce}と書くだけで「cからeに対する荷重」を表すことができます。

3．記号表記のメリット

記号表記のメリットはそれだけではありません。たとえば、「私があなたのことを好きなのと同じぐらい、あなたは私のことが好きだ」ということを表現するのに、

$$W_{ab} = W_{ba}$$

と書くだけでよくなります。「あなたが私のことを好きでいてくれる以上に、私はあなたのことが好きだ」というのは、

$$W_{ab} > W_{ba}$$

と書けばよいわけです。数学的な表現になり、情緒もワビサビもなくなってしまいますが、人間関係をはっきりとらえられる利点があります。

このような数式表現を用いて、藤澤（1997a）は荷重IIとIIIの関係を

$$W_{aa} = \eta \sum_{i=1}^{n} W_{ia} = \eta (W_{1a} + W_{2a} + W_{3a} + \cdots + W_{na})$$

のように表しています。この式は、まわりの人からの荷重によって自己荷重が作られること、あるいは荷重IIの総和と荷重IIIが比例関係にあることを表しています。まわりの人に好意をもたれていれば、自分で自分のことは好きになるし、まわりの人に嫌われていれば、自分のことは嫌いになる、というモデルです。

みなさんも、自己や他者との関係式を、いろいろ考えてみてください。

担当者（K）

EPISODE 4 ジョハリの窓を超えて

1．私の知らない「私」

　対人関係での自己および自己の情報に関するコミュニケーションのあり方について，グラフ的に表現したものとして，「ジョハリの窓」というモデルがよく知られています。ソシオン理論とも関係するところがありますので，少し紹介しておきましょう。

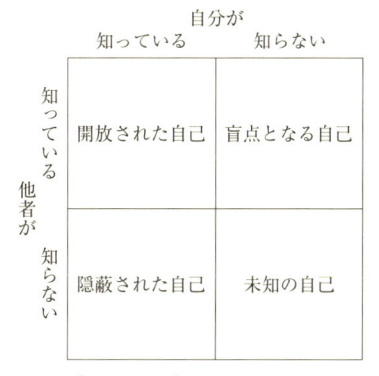

	自分が 知っている	自分が 知らない
他者が 知っている	開放された自己	盲点となる自己
他者が 知らない	隠蔽された自己	未知の自己

【図E4-1】ジョハリの窓

　ジョハリというのは，このモデルの考案者のジョセフ・ルフト（Joseph Luft）とハリー・インガム（Harry Ingham）という2人の名前を組み合わせたものです。ジョハリの窓では，自分の全体を大きな窓にたとえて，その中身を，「他者が（知っている・知らない）」と「自分が（知っている・知らない）」という気づきの面から4分割してとらえます。まず，左上の第1の窓は，自分と他者に共有された領域です。この領域にある自分の情報については隠すこともなく，活発にコミュニケーションが行われます。次に，右上の第2の窓は，他者は気づいているけれど，自分では気づいていない自分です。他者が知らせてくれない限り気づくことはないので，この領域の自分について知るためには積極的に情報を収集することが必要とされます。そして，左下の第3の窓は，自分は知っているけれども他者は知らない自分です。この領域には，意図的に隠している部分と隠すつもりは特にないけれどもたまたま知らせる機会がなかった部分とが含まれています。最後に，右下の第4の窓は，自分も他者も知らない領域で，誰も知らない自分の情報であり，まだ手のつけられたことのない自分の資源ともいうべき部分です。

2．ジョハリの窓の活用方法

　ジョハリの窓は，たとえば，どうもコミュニケーションが苦手だという人が，現在の自分と他者とのコミュニケーションにおいて，自分が知っている領域をどの程度オープンに開示しているかを冷静に見つめ，必要であればもっと開示するよう改善したりするための手がかりとして使われたりします。なぜなら，対人関係を深めていくためには，徐々に自分について相手に深く知ってもらうこと（自己開示）が重要で，極端に秘密主義であったりしては他者との親密な関係を築くことはできないからです。

　このように，ジョハリの窓は，自分の知らない自分であっても他者が知っている領域であれば自分を形作る領域としているなど，ごく簡単なモデルながらも，対人関係における自己および自己の情報に関するコミュニケーションのあり方について，なかなか的確に表現できているモデルだといえるでしょう。

3．ジョハリの窓とソシオンの世界

　ジョハリの窓による表現は，自他の関係についてソシオン理論と似たところがあります。自分が知っている自分，というのは荷重Ⅲのことですし，他者は知っているが自分は知らない自分，というのは他者のなかにある自分です。ソシオンAとBを考えた場合，BのなかにあるW_{ba}がこれにあたる，といえるでしょう。

　しかし，ジョハリの窓では言い表せないこともあるのです。たとえば，他者として，一般的な他者を想定するか，具体的な他者を想定するか，その場合のいずれにおいても，複数の他者を同時に想定することは不可能です。ですから，そのモデルからでは，その場の状況に応じて役割を切り替えて活動する自己といったものをどのように考えればよいのかはわかりません。また，第4の窓の未知の自己はひょっとしたら「噂のワタシ」のように，対人ネットワークのなかで情報が流れることによって練り上げられていくものなのかもしれませんが，そのことについても言及していません。

　ソシオンではこれらの限界を超えるべく，各ソシオンのなかに自己の世界（Pモード）と周囲の世界（Cモード）を両方表現できるようになっています。　　担当者（I）

TOPIC 7 荷重の性質

1．荷重の非対称性と荷重量

　ソシオン理論における**荷重**とは，人と人を結びつける結合強度ということができます。人は他者から影響を受け，他者に影響を与えます。影響を受けたり与えたりするには，その他者と何らかの形で社会関係が構築されていなければなりません。その社会関係の基本単位が荷重だということができます。

　さて，荷重を考えるうえで１つ注意しなければならない点があります。それは，一般に荷重は**非対称**であるという点です。私は他者から影響を受けているにもかかわらず，その他者は私の影響を少しも受けていないという場合があります。では，私たちはどのような他者から影響を受けるのでしょうか？　荷重が非対称的であるということを際立たせるために，例を用いて考えてみましょう。

　私たちはおそらく，自分が好きで愛着をもっている他者から強く影響を受けるはずです（☞**T23**）。私たちはお気に入りの有名人からふるまいや考え方，ファッションなどの影響を受けますが，その有名人は私の影響など受けてはいないはずです。このように荷重とは「私」のなかにある，他者から影響を受けるための門やバルブのような役割を果たしているものであり，その影響の大きさは荷重円の大きさで表記します。荷重円の大きさを正式には**荷重量**といいます。

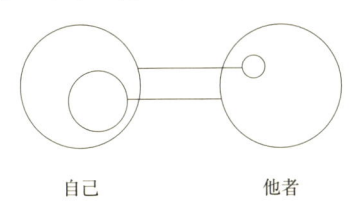

　　　　　　　　自己　　　　　　他者
　　　　　　【図Ｔ7-1】荷重の非対称性

2．荷重の他者依存性と荷重価

　上記の例では，実際には私たちは有名人とコミュニケーションすることができないわけですから，荷重が一方向的（非対称的）になって当然だと思われる

かもしれません。しかしながらこれと同じような状況は、日常生活でもありふれたことなのです。「片思い」はその典型例といえるでしょう。この荷重の非対称性に気づくことで、さらに荷重の重要な性質が明らかになります。それは荷重の**他者依存性**です。「私」が「他者」に影響を与えるためには、他者に私の荷重（荷重Ⅱ）をもってもらわなければなりません。「私」が「他者」にとって取るに足らない存在である（荷重が存在しない）限り、影響を与えることはできないのです。他者にバルブを開いてもらわない限り、いつまでたっても片思いが成就することはありません。

たとえば、男の子が女の子にしつこくイタズラや意地悪をすることがあります。それは自分が思いを寄せている女の子に対して、良くも悪くも「気にかかる存在」、すなわち荷重をもたれる存在になろうとしている試みだということができます。思いが通じない相手に対して「好かれないならまず嫌われなさい」という恋愛テクニックもこれと同類のものとみなすことができるでしょう。

さて、じつは荷重にはもう1つの性質があります。それは荷重の内容にかかわる成分であり、簡単に言えば、その荷重対象が**ポジティブな**ものか**ネガティブな**ものかという評価にかかわる成分です。この評価はポジティブならPあるいは＋で、ネガティブならNあるいは－で表し、ソシオグラムではそれぞれ○と●でその極性を表記します。これは先ほど述べた荷重の大きさである荷重量に対して**荷重価**といいます。

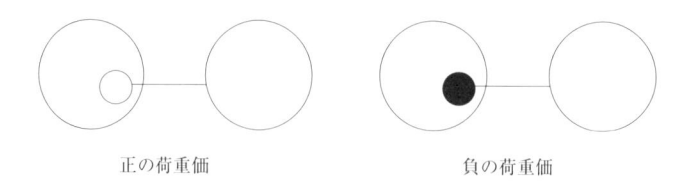

正の荷重価　　　　　　負の荷重価

【図T7-2】荷重価についての表記法

3．荷重と感情

ここでは、荷重とかかわりの深い感情（情動）との関連性について検討していきます。シャクターとシンガー（Schachter & Singer, 1962）は情動二要因説で、感情が身体の「生理学的変化」とその「認知過程」から成立していると述べています。シャクターらは、実験参加者に興奮作用のあるエピネフリンと

いう薬品を注射し，その後，ある実験参加者群には「陽気な人」のいる待合室で，もう一方の実験参加者群には「イライラした人」のいる待合室でしばらく過ごしてもらいました。じつはここで実験は終了なのですが，実験参加者にその時の感情を尋ねたところ，「陽気な人」と過ごした実験参加者は幸福感を感じ，「イライラした人」と過ごした実験参加者は同様に「イライラ」した感情を経験したことがわかりました。つまり一方の実験参加者は興奮作用による生理学的喚起をポジティブな感情へとラベリングし，もう一方の実験参加者はネガティブな感情へとラベリングしたことになります。

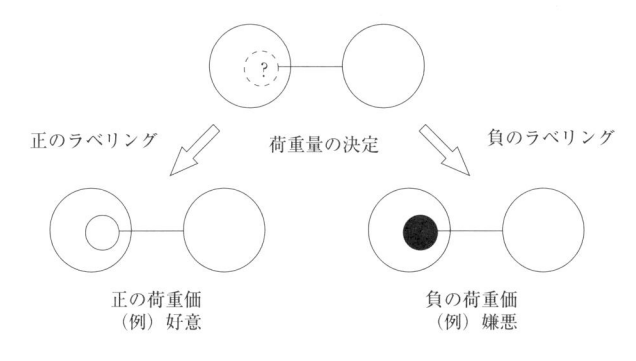

【図T7-3】荷重量と荷重価の決定過程

このように，感情には，まず対象への注目といった生理学的喚起があり，その後その対象がポジティブなものかネガティブなものかという認知的ラベリングがなされるという性質があります。同様に，荷重を感情的側面からとらえるならば，前者の生理学的喚起は荷重量に相当し，後者の認知的ラベリングは荷重価に相当するととらえることができます。

担当者（J）

EPISODE 5　コミュニケーションモデルにおける人と機械の違い

1．シャノンとウィーバーのモデル

　ソシオンのコミュニケーションは，畳み込み，操作，広げ返し，変化の4ステップからなります。ところで，一般的なコミュニケーションモデルとしてよく知られているのは，シャノン（Shannon, C. E.）とウィーバー（Weaver, W.）とが考案したモデル（図E5-1）です。

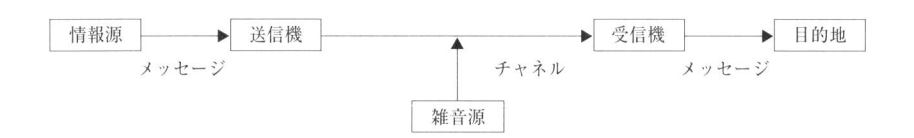

```
情報源 ─→ 送信機 ──────────→ 受信機 ─→ 目的地
       メッセージ    チャネル      メッセージ
                  ↑
                 雑音源
```

【図E5-1】シャノン・ウィーバーのコミュニケーションモデル

　このモデルでは，情報源から送り出されたメッセージは，送信機を介して送信信号に変換されて，チャネルを通っていき，途中に雑音などが入ることがありながらも，最終的には，受信機で信号が再び変換されて，無事に目的地に届けられるということが表現されています。具体的なイメージとしては，電話の仕組みを思い浮かべてもらうと，よく理解できると思います。つまり，情報源であるあなたが音声で発したメッセージが，自分の持っている電話機で電気信号に変換され，電話線というチャネルを通じて相手の電話機へと届き，そこで再び音声へと変換されてから相手の耳へと届くという仕組みです。

2．シャノン・ウィーバーのモデルと人間のコミュニケーション

　シャノン・ウィーバーのモデルは，機械（コンピュータ）の通信モデルです。ですから，そのまま人間のコミュニケーションに応用することはできません。
　私たちが会話するときも，頭のなかで考えたコトバを口にする（送信信号に変える）と，空気の振動を通じて（チャネル），相手の耳（受信機）に届くわけですから，シャノン・ウィーバーのモデルで説明できそうですが，そうではないのです。
　たとえば，発話者（情報源）が「うみとそら」といったとき，相手に「うみとそら」とちゃんと理解してもらうことはできます。しかし，たとえば，「夕暮れの海と空」

といった場合，相手が自分の生まれ育った町で見ていた「冬の日本海」の「夕暮れの海と空」をイメージするのか，それとも，以前，旅行に行った時に見てとても印象に残っている「アドリア海」の「夕暮れの海と空」をイメージするのかは，こちらではわかりません。このように人間のコミュニケーションの場合，基本的には共有されているコードを使っても，その記号をどのような文脈（コンテクスト）のもとで使うのかによって，まったく意味は異なってきます。だから，どのようにそのメッセージを解釈するのかは，メッセージの受け手がもっている知識や経験によって異なりますし，複雑な内容をもったメッセージほど，解釈が異なるということが起こりやすくなるのです。

　このように，人間どうしの場合は，基本的に受け取り手がどのように解釈するかに大きく依存します。たとえば「愛しているよ」という好意的なメッセージでも，「冗談なのね」とか，「嫌がらせかも？」と解釈されるということもあるのです。このように，メッセージに込められた意味は受け取り手が決める，というのが人間のコミュニケーションの特徴です。

　このことは，一方では，「そんなつもりで言ったわけじゃない」といったように，コミュニケーション上でいろいろな誤解やトラブルが生じるもととなるのですが，もう一方では，お互いの自由な解釈から新たな考えやアイデアが生まれたり，相手にわかってもらうためにじっくりと考え直すなかで自分の考えが深まったり，といった人間のコミュニケーションならではの効用をもたらすもとでもあるのです。

担当者（1）

EPISODE 6 コミュニケーションのすれ違い

1．贈与

　他者への贈与は，社会関係を形成するうえで重要なものです。誕生日プレゼントやクリスマス・プレゼント，お正月にはお年玉というように，贈り物をする習慣は私たちの日常生活に浸透しています。贈り物は，ふつう愛情や感謝の気持ちなど，ポジティブな感情を表現すると考えられています。あなたに対する私の好意や愛情は，贈り物という物質に託されてあなたのもとに届けられるのです。

　ソシオンのネットワークは，互いに送りあう荷重によって結合します。贈り物によって，ソシオンどうしを結びつける荷重の量は増大します。お中元やお歳暮を贈ることは，ふだんは疎遠になりがちな人に対して，まだ関係性が持続していますよというメッセージ（あるいは少なくとも私はあなたとの関係持続を望んでいますよというメッセージ）を伝える役目を果たします。反対に，贈るべき時に贈り物をしなかったとしたら，もはや関係継続への意志がないものとして相手に受け取られるかもしれません。うっかり年賀状を出し忘れただけで縁を切られるなんてことも，時には起こり得るものです。

2．贈り物の中身は？

　贈り物というと，たいていは好意や愛情のようにポジティブな荷重を表すものとして考えられています。しかし，世の中にはネガティブな贈り物というのも存在します。敵意を表現するカミソリ入りの手紙，送りつけられるネズミの死骸，脅迫状のメッセージなどは，あまり受け取りたくない種類の贈り物です。

　「この手紙と同じ文面で5人以上に出さないとあなたは不幸になります」という不幸の手紙のメッセージは，ネガティブな荷重のみを伝達します。そればかりでなく，不幸の手紙はネズミ算式に流通していきますから，ネットワーク上に加算的に負の荷重が流出・増大していくという事態を引き起こします。出所のわからない負の贈与は，他者に対する基本的な信頼をそこなう危険なトラップなのです。

3．誤解の可能性

　ポジティブな贈り物はうれしいものです。反対に，ネガティブな贈り物はうれしくありません。しかし，時にはポジティブな贈り物のはずなのにうれしくないというこ

ともあります。たとえば，私は鮭が大好きだからというのでお歳暮に新巻鮭を贈ったら，相手は鮭が大嫌いだった。わざとじゃないのに嫌がらせと思われてしまった，という悲しい誤解も起こり得ます。

あるいは，それほど親しくないはずの相手から高価なプレゼントをもらったとき，相手はいったい何を企んでいるのだろうかと不安に思うことがあります。また，それほど親しくない相手から過度に愛情の込められたもの（手編みのセーター？など）を贈られて困るということもあります。愛情それ自体はポジティブなものですが，よく知らない相手からの過剰な愛情は不信感を抱かせるものです。また，重すぎる愛情はかえってネガティブな意味を担ってしまいます。

このように，ポジティブな荷重を運ぶはずの贈り物がネガティブな荷重を喚起することもあるのです。贈り物の中身（意味）は，贈るときと受け取られるときとで変化することに注意する必要があります。

また，あいまいさゆえの誤解ということも現実にはよくあることです。物質ではなく笑顔のように不定形な贈り物の場合，それがあいまいであるがゆえに解釈の多様性を許してしまいます。皮肉を込めた微笑を愛情の微笑と勘違いするケース，愛想笑いなのに本気でウケたと誤解するケースなど，不定形の贈り物は常にこうした誤解可能性を含んでいます。もっとも，愛想笑いなどはこうした誤解可能性を利用して，決定的な破綻を回避して関係性を持続するための知恵として機能しているともいえます。

誤解が生じてしまうのは，ソシオンのネットワークがＰモードとＣモードという二層構造をもっているからです。私のＰモード内で正の荷重を担っていた贈り物も，あなたのＰモードのなかでは負の荷重を担うかもしれません。誤解は二層ネットワーク特有の現象の１つといえます。

担当者（W）

EPISODE 7 ソシオン・タイポロジー

1．荷重Ⅰ・Ⅱ・Ⅲの類型

ソシオンの自己システムは，私が見たあなたの像（荷重Ⅰ），あなたが見た私の像（荷重Ⅱ），私が見た私の像（荷重Ⅲ）という3つの荷重から構成されています。荷重Ⅰ・Ⅱ・Ⅲは，自己と他者および自己と自己の方向性をもった関係として表すことができます。すなわち，荷重Ⅰ（自己→他者），荷重Ⅱ（他者→自己），荷重Ⅲ（自己→自己）の3つの荷重関係です。

荷重には，正負（P/N，＋/－）があるので，荷重Ⅰ・Ⅱ・Ⅲの関係性においてすべてのパターンを組み合わせると，合計8つの自己システム類型ができます。

【表E7-1】自己システム類型

	分類	荷重Ⅰ	荷重Ⅱ	荷重Ⅲ
安定	①英雄	＋	＋	＋
	②片思い	＋	－	－
	③道化	－	＋	－
	④テロリスト	－	－	＋
不安定	⑤牧師	＋	＋	－
	⑥聖なる愚者	＋	－	＋
	⑦スパイ	－	＋	＋
	⑧ニヒリスト	－	－	－

2．自己の類型

順に類型を見ていきましょう。ここでは，それぞれの類型をイメージしやすくするために，各類型にキャラクター付けを施しています。

　①英雄タイプ。荷重Ⅰ・Ⅱ・Ⅲのパターンがそれぞれ「＋＋＋」です。他者を信頼し，他者からも信頼されて，自分に自信をもっている，という例です。

　②片思いタイプ。パターンは「＋－－」です。愛する人から嫌われて自己嫌悪に陥っている，というところでしょうか。

　③道化タイプ。パターンは「－＋－」です。他者への不信ゆえに道化を演じて，人からかわいがられるのですが，そういう自分に自己嫌悪している，という状態です。太宰治の『人間失格』の主人公はまさにこのタイプといえそうです。

④テロリストタイプ。パターンは「－－＋」です。周囲に嫌われ，嫌っているけれども自己評価はポジティブというタイプです。体制への不信と体制から迫害されているという自覚がありつつ，それでも自分は正しいという信念をもっています。
⑤牧師タイプ。パターンは「＋＋－」です。他者を愛し他者からも愛されるのだけれど，自分自身の罪深さにさいなまれている，というタイプです。
⑥聖なる愚者タイプ。パターンは「＋－＋」です。あらゆるものを愛するけれど，人々からは馬鹿にされている，それでもくじけないタイプです。鳥や動物たちを集めて神の教えを説いていた聖フランチェスコのイメージです。
⑦スパイタイプ。パターンは「－＋＋」です。他者を信頼せず，しかし他者をだますことによって自分を強くもち，ほくそ笑むというタイプです。
⑧ニヒリストタイプ。パターンは「－－－」です。自分も他人も信用できず，他人からも信用されないというタイプです。信じるに値するものなんて何一つ世界には存在しない，という虚無主義的信念をもっている人物像です。

この8類型は，三者関係の認知均衡理論（☞ **E13**）に基づいて，安定パターン（英雄・片思い・道化・テロリスト）と不安定パターン（牧師・聖なる愚者・スパイ・ニヒリスト）に大別できます（☞**T15**）。

3．関係パターンとしての性格

荷重Ⅰ・Ⅱ・Ⅲによる自己システムの類型は，いわゆる性格タイポロジーとして見ることができます。ただし，重要なのはこれらの性格タイプが個人の属性ではなく他者との関係において構成されているということです。性格というのは，その人に固有の心理的特性のようなものではなく，特定の他者との間で取り結ばれる関係パターンと考えられます。

表E7-1には，8種類の関係パターンが分類されています。それぞれのパターンは，固定したものではなく，他者との関係によって変化するものです。たとえば，英雄パターンの人が他人に対する不信感を抱いたとき（荷重Ⅰの＋が－に変わる），スパイへとパターンが変化します。人々から信頼されていた革命の英雄が，粛清の恐怖政治を行うのは，3つの荷重の＋/－がどれか1つ変化するだけで可能になるのです。

人格の豹変と思えるような劇的な変化も，ネットワーク構造の一部が変化するだけで比較的容易に起こり得るということは，人間関係のダイナミズムを理解するうえで重要なポイントです。

担当者（W）

EPISODE 8 ギブ・アンド・テイク

1. お返しのルール

　日本に限らず世界各地さまざまな社会において，物をもらったらお返しをする，という暗黙のルールが働いています。人は，何か贈り物を受け取ったらお返ししなければならないという義務感を感じてしまいます。もちろん文化によってその程度に違いはありますが，人間関係の基本的な規則の1つであるようです。

　特に日本では「借り」という言葉があるように，他者からもらったままでは非常にまずい状態であるという認識があります。ベネディクト（Benedict, R.）は，その著書『菊と刀』のなかで，日本人がこういった「お返し」のルールでお互いを縛っているさまを分析しています。日本社会では，「借り」という概念によって知り合いとは永続的に関係を維持していくメカニズムが働いているのです。

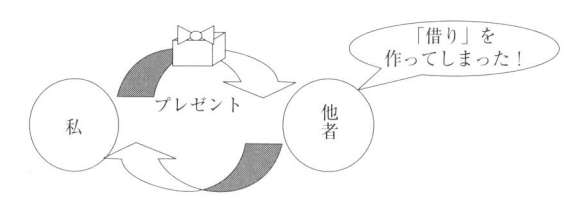

【図E8-1】借りの押し付け合い

　また，こういったギブ・アンド・テイクのルールは物（プレゼント）だけに限ったものではないようです。感情のように形のないものの場合にも，ギブ・アンド・テイクのルールが働いています。にっこりほほえみかけられると，思わずほほえみ返すといったほとんど無意識の行為のレベルから，特に意識していなかった異性から告白されることで急にその異性のことを意識してしまい，挙句の果てに好きになってしまったというような複雑なレベルに至るまで，さまざまなレベルでのギブ・アンド・テイクがあります。また逆に，いきなり自分のことを嫌ってくる人を嫌いになったりすることもあるでしょう。このように，好き・嫌いという関係もギブ・アンド・テイクの関係になっていると考えることができます。

　このようなギブ・アンド・テイクのことを心理学では「返報性」といいます[注1]。

---

*注1　社会学では「互酬性」といいます。

返報性は，好意（荷重そのもの）や贈り物（荷重の入れ物），自己開示（荷重の情報）など荷重に関連するものに働きます。この返報性によって，私たちは関係を築いていくことができます。関係とは「荷重の交換」，あるいは「荷重の共有」であるともいえるのです。

2．返報性のルールはなぜある？

なぜ返報性のルールがあるのか，というのは難しい問題ですが，いくつかの答えは考えられます。その1つに「関係をうまく継続させていくアイデアである」というものがあります。お中元や年賀状などの風習には，ふだん会うことが少なくても年に1回ぐらいは物や情報を交換して関係を維持しておこうという目的があります。こういった風習は時に面倒くさいものですが，完全になくなってしまうと友人が減り，困ったときに助けてくれる人がいなくなってしまうかもしれません。制度化された贈り物は，好意という目に見えないものを物質に託してわかりやすく表現することで，人間関係上の安心を作り出す役目を果たします。返報性のルールに基づく社会的な諸制度は，私たちが人間関係を維持し，そのなかで生きていくうえで必要なテクニックだったのかもしれません。

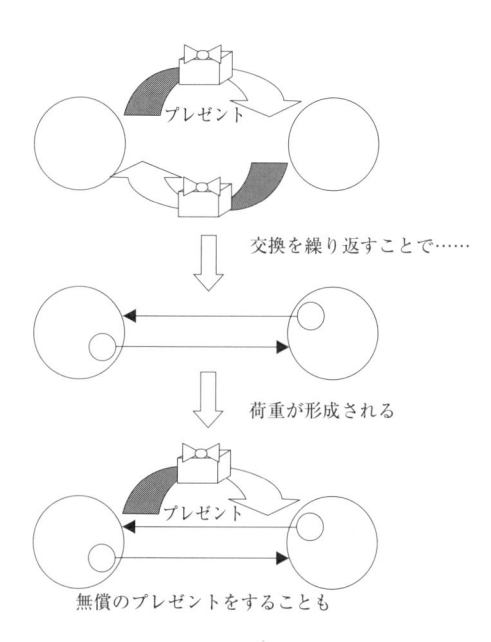

【図E8-2】返報性から関係の形成へ

3．返報性が成り立たないとき

　しかし，私たちはギブ・アンド・テイクの関係だけで成り立っているわけではないことを知っています。無償の愛に基づく行動や自己犠牲的な行動のように，一方的に他者に身を捧げる行動は，ギブ・アンド・テイクでは説明できないように思えます。おぼれている子どもを助けるために川に飛び込む青年は，助けた見返りを期待して行動しているのでしょうか？

　人は，社会のなかで孤立して存在しているのではありません。青年が子どもを助けるために自己犠牲をいとわないのは，彼が他者との関係のなかで生きているからです。もし自分が同じようにおぼれていたとしたら，誰かが助けてくれるかもしれない。そのように互いに助け合うような社会に自分は生きているんだという実感をもつことで，青年は仮想的に他の人々からポジティブな荷重を受け取っているという関係性のなかに自分を位置づけます。人が他者を助けるのは，いわばそうして受け取った仮想の荷重に対する返礼と考えることができるでしょう。

担当者（S）

§3　二者関係のゲーム

「もう来られないんだ」
「もう来られないの」
「悲しいかい」
「悲しいわ」
「本当はそうじゃないんだろう」
「本当はそうじゃないの」
「きみぐらい冷たい人はいないね」
「あたしぐらい冷たい人はいないの」

　　　　　　　星新一「ボッコちゃん」

TOPIC 8 矛盾最小化方略

1．荷重の対称化

人は誰しも，自分が愛する人には愛されたいと思うものです。愛する人に嫌われたり，逆に嫌いな人に愛されたりすると何とも落ち着かないものです。言い換えれば，ソシオンは非対称性を嫌うともいえます。

このことをソシオンの言葉で表現すれば，荷重Ⅰと荷重Ⅱが一致してほしいと思うこと，といえます。あるいは，私（A）からあなた（B）に対する荷重W_{ab}と，あなたから私に対する荷重W_{ba}が一致する，つまり$W_{ab}=W_{ba}$であることが望ましい二者関係だというわけです。

この荷重ⅠとⅡを同じ状態にすることを，荷重の対称化と呼びます[*注1]。

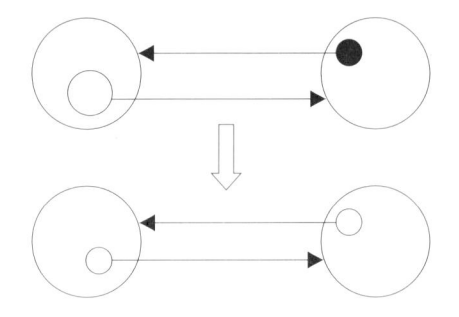

【図T8-1】荷重の対称化

なぜ荷重を対称化させておきたいのかについてはいろいろな要因が考えられます（☞**E6・E8**）。たとえば他者と関係を継続するためにふさわしい方略であったことや，あるいは人間関係を理解するうえで非対称よりも対称のほうが覚えやすいからという認知的経済性の原理（☞**T13**）が関係していることがわかっています。

---

*注1　TOPIC 3の，心と社会の「対称化の原則」と混同しないように（☞**T3**）。

2．対称化を目的としたコミュニケーション方略

　コミュニケーションの目的の１つとして，荷重の対称化があることがわかったのですが，この荷重の対称化を目的としたコミュニケーションの取り方，つまりコミュニケーション方略を**矛盾最小化方略**と呼びます。

　たとえば愛の告白をするというのは，自分の荷重Ⅰを知ってください，どうぞあなたも私と同じ荷重をもってください，とお願いするという矛盾最小化方略の一例です。あるいは，少し回りくどいかもしれませんが，好きな人の気をひくためにわざと自分がその人のことを好きだというウワサを流してみたりする，というのもこの方略に含まれるでしょう。もちろん逆に，自分のことを悪く言う人を嫌いになるとか，嫌いな人に嫌われるように悪態をつく，というのも矛盾最小化方略です。

　ソシオンが矛盾最小化方略をとるのは，究極的にはＰモードとＣモードの，心と社会の対称化を目的としているからです（☞**T3**）。Ｃモード上の荷重がＰモード上の荷重と食い違っているとき，Ｃモードの荷重を直接操作することはできませんので，自分のＰモードの荷重を操作するしかありません。このとき，自分の荷重Ⅲについては，自分でなんとでもコントロールできます。しかし荷重Ⅱは相手のなかにあるものなので，現実離れした思い込みでもしない限り，いかにＰモードといえどコントロールできないのです。そこで，荷重Ⅰをうまく操りながら，荷重Ⅱを荷重Ⅰと対称化させようとします。

3．現実はそんなに簡単ではない？

　矛盾最小化方略は，愛し愛される関係を築くことを目的としています。もっとも，嫌いな人には嫌われていたいと考えるのもこの方略に含まれますから，好きか嫌いかがはっきりする状態になります。

　矛盾最小化方略がすべての人に行きわたっていたら，愛を告白すれば愛されるし，嫌いな人に「あなたなんか嫌いよ」と言えば，その人は二度と近づいてこない，ということになるはずです。

　ところがもちろん，現実には，愛を告白したのに受け入れてもらえないとか，告白を断ったのに相手は懲りずに何度もアプローチしてくる，ということがあるのです。なぜでしょうか？

T8

　その答えは，矛盾最小化方略に含まれていない条件が3つほどあるからです。

　まず，矛盾最小化方略はあくまでも荷重Ⅰと荷重Ⅱの関係です。荷重Ⅰや荷重Ⅱは荷重Ⅲから影響を受けますから，これが邪魔している可能性があるのです。特に，相手の荷重Ⅲがどうなっているかはこちらにはまったく見えないものですから，そこを予想しながら方略を立て直す必要があります。

　次に，矛盾最小化は二者関係でのロジックであるということです。この方略は二者関係において成立するものであって，三者以上の関係では成り立たないこともあるのです。たとえば，三者関係には三者関係独自のルールが働いて（☞**T12**），その影響によって対称化が促進されたり，抑制されたりするからです。

　最後に，世の中は矛盾最小化方略だけではない，ということです。ソシオンのコミュニケーション方略には，もう1つ**荷重最大化方略**と呼ばれるものがあるからです。これについてはTOPIC 9で説明します（☞**T9**）。　　担当者（S/K）

TOPIC 9 荷重最大化方略

1．荷重最大化

　ソシオン理論では「私」が3つの荷重によって形成されていることを前提としていました。人への気持ちを表す荷重Ⅰ，人からの気持ちを表す荷重Ⅱ，そして自分への気持ちを表す荷重Ⅲです。人はこれらの荷重のなかでも，自分への荷重（つまり荷重Ⅲ）を特に重んじる傾向があります。自分のことは好きでいたい，自分の存在だけはすばらしいものであってほしい，と多くの人は考えています。

　このような傾向，つまり荷重Ⅲをできるだけ大きくしたいということを，**荷重最大化（への傾向）** と呼びます。この荷重最大化は，絶対的に荷重Ⅲを高めたいというよりは，まわりの人よりも高くありたいという相対的なものであることが多く，**比較荷重最大化**と呼ぶときもあります。

2．荷重最大化方略

　それではどうすれば荷重Ⅲを大きくすることができるのでしょうか。自分への荷重なのだから，自分が勝手に自分を好きになればいい，というものでもありません。なぜなら，荷重Ⅲは人からの気持ちである荷重Ⅱの影響を強く受けるからです。いくら自分のことを好きな人でも，大事な人に裏切られたり，傷つけられたりすると，自分に対する自信がなくなってしまうものです。

　つまり，自分を好きになるためには自分のことを多くの人に認めてもらう必要があるのです。人が恋人に好かれたい，先生に認めてもらいたい，という承認や愛を求めるのは，この荷重最大化への傾向によって導かれているものといえます。人間関係のなかで荷重（比較）最大化を達成するためには，まわりの人に自分のことを好きになってもらう必要があります。

　そのためのコミュニケーション方法を**荷重最大化方略**と呼びます。具体的には，好きな人の気をひこうとしたり，本心とは違っていても先輩をおだてたり，

クラブチームの試合などで監督に活躍の場面を見せようと張り切ったりと，いろんなところに表れています。人は自らの荷重を最大化するために，ネットワークのなかで多くの人との関係を結ぶ必要があります。

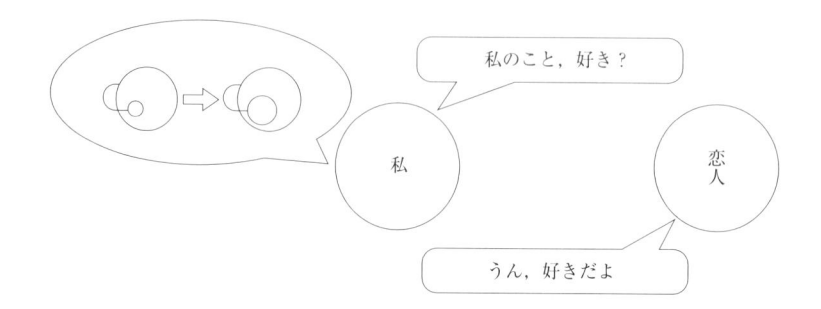

【図T9-1】恋人に好意を確認するという，荷重最大化方略に基づくコミュニケーション

3．並列最適化問題

さて，二者関係では矛盾最小化方略というのがある，というお話をしました。同時に荷重最大化方略というのも，ソシオンにとっては重要なコミュニケーション方略です。荷重最大化方略は，ソシオンの存在を賭けたものでもあるからです。

問題はこの2つの方略が，必ずしも両立できないということです。たとえば，矛盾最小化をするためには，相手からの少ない荷重に合わせて荷重Ⅰを減らす必要があったとしましょう。相手への好意を減らす，つまり少しつれない態度をとるわけです。それで荷重ⅠとⅡのつりあいがとれたのですが，一方ではもともとの荷重Ⅱが小さいわけですから，自分の荷重Ⅲも減ってしまうことになります。

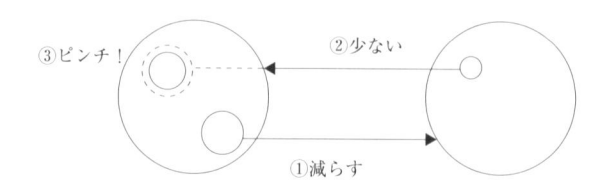

【図T9-2】2つの方略は両立できない

これでは,「矛盾をなくす」というのと「自己荷重を最大にする」という2つの問題は両立できないことになります。不可能ではないのですが, 矛盾最小化方略と荷重最大化方略の両方をうまくやることは, 大変な難しい課題です。どちらをとるか, どのタイミングでとるか, どの順番でとるかといった方略の方略, つまり戦術が必要になってくるのです。この難問のことを, **並列最適化問題**と呼びます。

担当者（S/K）

TOPIC 10 シーソーの運動法則

1. 自己評価

　自分が人間としてすぐれているとか劣っているというふうに感じるのは，自分を誰か他の人間と比較した場合においてです。他者との比較によって，私は自分がすぐれていると感じたり，あるいは劣っていると感じたりします。

　他者との比較は，しばしば競争状況を作り出します。双方ともに相手に勝とうとして努力するのです。テニスや将棋のように勝ち負けのあるゲームで2人が争っているときは，一方が勝てば必然的に他方が負けるという結果になります。実際の社会のなかでは，競争ゲームは2人だけで争われているわけではないのですが，しばしば人は自分の身近にいる誰か（ライバル）を念頭に置いて競争社会を生き抜こうとします。したがって，さし当たっていま自分が争っている相手との競争で勝つことをひとまずの目標として，競争社会を勝ち抜こうと努力しているわけです。競争で勝つことができれば，自分の優位＝自分がすぐれた人間であることを確認できるので，みんな必死になって勝ちたいと思うでしょう。

2. シーソーの原理

　自己と他者の優劣比較は，シーソーのモデルによって視覚的に表すことができます。シーソーは，片方が上がると，もう片方が下がるようになっています。シーソーの上下を優劣に対応させると，その基本的な原理は，次のとおりです。

　　①私が優位に立っている（勝っている）ときは，あなたは劣位に立つ（負けている）。
　　②あなたが優位に立っている（勝っている）ときは，私は劣位に立つ（負けている）。
　　③私とあなたが同じ高さで均衡している状態は，グラグラして不安定。

　私が上がると，あなたは下がる。あなたが下がると，私は上がる。このよう

【図T10-1】比較のシーソー

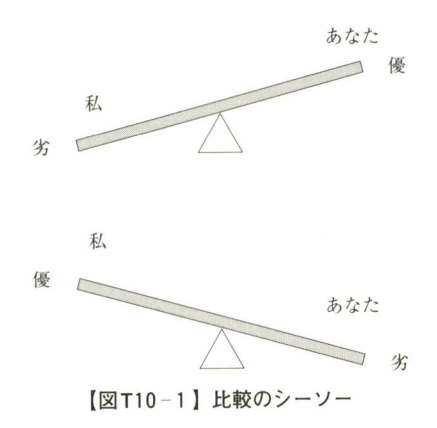

に上位を優位者，下位を劣位者とすると，勝ち負けの比較が視覚的に表せます。また，同じ1つのシーソーに乗っている限り，一方の位置が決まれば必然的に他方の位置も確定されます。

　比較という意識の動作においては，二者両方の位置を特定しなくても，どちらか一方の位置が確定すれば，他方の位置も自動的に確定することになります。つまりシーソーを仮定する限り，**自己の優位と他者の劣位，あるいは自己の劣位と他者の優位は同一視できる**のです。これは，自他の関係を把握するための効率的な情報処理戦略といえます。シーソーを仮定すれば，両方の位置情報を知らずとも，一方だけの位置情報さえわかれば自動的にもう一方の位置情報も算出することができるのです。優劣をめぐる私の自意識は，他者のポジションに直接的に結びついています。そこでは，自己とは他者の影に過ぎず，他者もまた自己の影として構成されるのです。

3．平等化と差異化

　シーソーの動作は，ソシオンの二者関係モデル（☞**T6・T15**）と関連づけて説明することができます。シーソーの位置に相当するのは，荷重Ⅲ（自己→自己）です。荷重Ⅰ（自己→他者），荷重Ⅱ（他者→自己）は，シーソーの位置を変動させる荷重の出力を表します。ソシオンどうしは，正負の荷重を交換することでネットワークを形成します。自己から他者に正の荷重（＋）を送ることは，他者の位置を上昇させるシーソーの動作を起動します。自己から他者

に負の荷重（−）を送ることは，他者の位置を下降させるシーソーの動作を起動します。

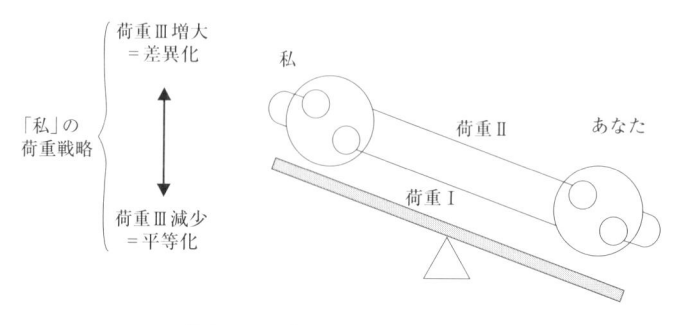

【図T10‒2】ソシオンのシーソー

　正負いずれの荷重を送るかは，自他の荷重Ⅲの比較に基づく2種類の動作パターンに対応して決まります。すなわち，ソシオンとしての自己が採用する戦略は，自己の荷重Ⅲと他者の荷重Ⅲの差異を大きくする場合と，差異をなくす場合です。

　差異を大きくする場合（**差異化**）は，シーソーの角度を垂直に近づける運動となります。差異をなくす場合（**平等化**）は，シーソーの角度を水平に近づける運動となります。競争のシーソーが二者間で発生するのは，①自己が劣位にあるときの平等化戦略，②自己が優位にあるときの差異化戦略によってです。

　競争を回避するための戦略は，③自己が優位にあるときの平等化戦略，④自己が劣位にあるときの差異化戦略です。これらは，自他の優劣を比較するシーンではありますが，優劣を競うのではなく，他者の救済や賞賛を志向した心理動作を表しています。

　動作自体はシンプルな原理に基づくものの，これらの動作パターンが組み合わさって時間の進行とともに相互行為が進展していくと，現実の二者関係は思いがけず複雑な関係性を紡いでいくことになります。

担当者（W）

EPISODE 9 敵意と好意の返報性

1．競争原理によらない行為

　ソシオンの二者関係は，しばしば優劣の判定をめぐる競争状況の様相を呈します。競争において，二者は互いに自己の側に正の荷重を蓄積しようと目論んで，他者への負の贈与を行います。他者のマイナスは自己のプラス，自己のマイナスは他者のプラスというシーソーの原理によって，競争心があおられます。それは，互いに傷つけあう闘争状態に発展することもあるでしょう。

　しかし，他者との関係において，人は常に他人を蹴落としてまで自分の優位を確保したいと思うわけではありません。困っている人を助けてあげるとか，自分を犠牲にしてまで他人をかばうといった行為は，好意に基づく行為であって，敵意の交換を促す競争状況とは異なるシーソー動作に基づくものです。

　困っている人を助けるのは，自己が優位にあり他者が劣位に置かれているときに，劣位の他者を引き上げるというシーソーの動きによって表されます。このとき，優位にある自分のポジションを下降させることで他者を上昇させることができます。私が骨を折る（何らかの犠牲を払う）ことで，誰かを助けることができるわけです。

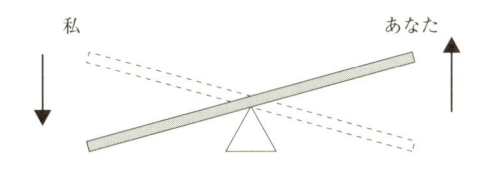

【図E9-1】犠牲のシーソー

2．交換ループ

　競争原理に基づくシーソーは，自分を上げて相手を下げる動作です。したがって，互いに相手に対する敵意をぶつけあうことになります。これに対して，人助けのシーソーは，互いに相手に好意を送る動作を表します。互いに好意を送りあうとき，ゆずりあいのシーソーが生まれます。「前回は私が上げてもらったので，今回はあなたがどうぞ上がってください」という関係です。

　性悪説や性善説のシーソーは，敵意（悪意）の交換，あるいは好意の交換の関係として理解することができます。好意に好意を返す場合，正の返報性が成り立ちます。

敵意に敵意を返す場合，負の返報性が成り立ちます。性善説は，正の返報性が必ず成り立つという思想です。これに対して，性悪説は負の返報性が必ず成り立つという思想です。

(a) 好意の返報性　　　　　(b) 敵意の返報性

【図E9-2】好意と敵意の返報性

3．性善説か，性悪説か？

　人間は常に競争原理に基づくエゴイスト（自己中心主義者，自分勝手）であり，自分自身を優位にもっていくために他者を蹴落とすのだ，という人間観からすると，他人を助ける行為は自己を劣位に向かわせる非合理的で理解できない行為ということになるかもしれません。しかし，おそらく多くの人にとっては困っている人を助けることは，けっして特殊なことではありません。助け合う行為も，競争状況と同様にシーソーの可能なパターンであり，したがって一定の条件がそろえば動き出す心の働きなのです。人間は，時にエゴイストとしてふるまうものですが，いつでも常にエゴイストであるというわけではないのです。

　性善説や性悪説は，いずれも可能なシーソーの動作パターンのうちの1側面だけを誇張したものといえるでしょう。性善説や性悪説があたるのは，性善説的ないしは性悪説的にシーソーが動いたときだけに限られます。人間とはどのような存在であるかを理解するためには，シーソーの動作パターンのうち，どれか1つだけを取り出してそれを人間の本質とするのではなく，シーソーの原理そのものについて考えていく必要があるということです。

担当者（W）

EPISODE 10 固定性と流動性

1. 貧富の差

　優劣のシーソーは，経済的な貧富の差について考察するために応用できます。富める者はシーソーの上位にいて，貧しき者はシーソーの下位にいると想定してみましょう。貧富の格差は，シーソーの傾きの角度によって表すことができます。

　一定の貧富の格差がある状況において，シーソーが示す動作には，いくつかのパターンが考えられます。貧しき者も富める者もともに経済的利得を求めて市場活動に励むことを仮定すると，貧しき者は自らを上げて富める者を下げる，あるいは富める者を下げて自らを上げるというシーソー動作を志向し，富める者は自らをさらに上げて貧しき者を下げる，あるいは貧しき者をさらに下げて自らを上げるというシーソー動作を志向することになります。いずれの側も自らを上昇させようとするので，シーソーは綱引き状態になります。

　近代国家における経済政策の役目は，この綱引き状況で互いの利害を適切に調整することです。綱引き状況において，国家が政策的に介入する仕方は，2つあります。1つめは，シーソーの傾きをできるだけ小さくする方向をめざした介入です。これは，

社会民主主義的・福祉国家

ネオリベラリズム的・小さな国家

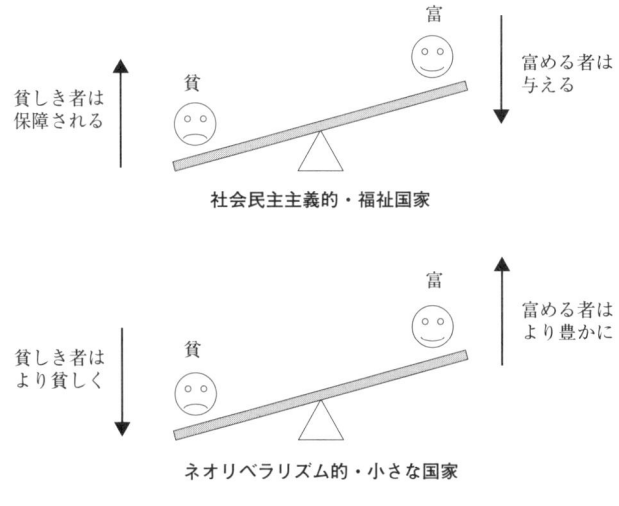

【図E10-1】国家の介入パターンとシーソー

社会民主主義的な福祉国家政策といわれるものです。2つめは、市場での自由な経済活動に対して国家ができるだけ介入しない、という仕方での介入です。これはネオリベラリズム的な小さな国家、あるいは夜警国家的政策といわれるものです。

この非介入的な政策は、しばしば結果としてシーソーの傾きをできるだけ大きくする方向に作用しがちです。なぜなら、市場での競争においては、すでに十分に資本を所有する者のほうが圧倒的に有利だからです。元手がある者と元手がない者との競争は、スタート地点でハンディキャップが一方に課された競争に似ています。

2．差異化と平等化

差異化の運動と平等化の運動は、いずれも人間が自分と他人を比較したときに採択し得る2つの態度であるということができます。差異化をめざすことも、平等化をめざすことも、人間にとって1つの理想として機能するのです。差異化の運動を理想にするということは、がんばった人ががんばった分だけ報われることが望ましいという考え方を表しています。厳しい競争を勝ち抜いた者は、頂点に立つことができる。その代わり、競争に敗れたときには最下層の底辺に落ち込んでしまうことになります。アメリカンドリームの希望は、自己責任の厳しさとセットになっているというわけです。

それに対して、平等化の運動を理想にするということは、平等が望ましいという考え方を表します。優劣の差をできるだけなくして、みんな平等になることが幸せである、というふうに考えるわけです。この場合、努力が報われないという不満は出てくるかもしれませんが、ひとまずみんな平等という安心感は保証されています。

20世紀の歴史において、資本主義は差異化の理想をめざし、社会主義は平等化の理想をめざしたのですが、双方のバランスをとることが大事なのかもしれません。

3．熱い社会と冷たい社会

差異化の運動は、常に競争をくり返すことを要求します。人類学者のレヴィ＝ストロース（Lévi-Strauss, C.）は、このような社会を「熱い社会」と表現しています。しかし、いったん優位に立った人は自分の既得権益を守るために、差異化した状態でシーソーを固定することを望むかもしれません。ゲームをくり返していくと次は負けて劣位に落ちるかもしれませんが、勝った状態でゲームを終えると、いつまでも優位者でいられるからです。差異化した状態を制度的に固定化すると、中世の身分制社会やインドのカースト制度のような差異が構造化された社会になります。これらの社会は、「冷たい社会」と呼ばれています。

資本主義経済は、差異化の動作を最大限に発揮するダイナミックなシステムです。

欲望を解放する差異化のダイナミズムが資本主義の原動力といえます。しかしながら，いったん動き出したシーソーの差異化ダイナミズムは，差異を再生産することによって結果的に階層間の移動を困難にします。スタート地点での差異が，差異化の運動によっていっそう拡大していくと，豊かな者はますます豊かに，貧しい者はますます貧しくなります。高度資本主義経済の社会は，流動的にみえてじつは階級再生産によって差異が固定したシステムといえるかもしれません。

担当者（W）

EPISODE 11 ルサンチマン

1．相対的比較

　シーソーのモデルによると，自分自身に関する評価は，他者との比較によって決まります。優劣は，それ自体の評価というよりは他者との比較によって決まるものなのです（☞ **T10**）。

　比較とは，他者との優劣関係に自己を位置づける意識の働きを意味します。シーソーにおいては，自己の優位と他者の劣位，あるいは他者の優位と自己の劣位が必然的に結びつくかたちで二者の関係が形成されます。

　シーソーによる比較は，相対的なものです。たとえば，年収800万円を稼いでいるAさんは，一般的な基準でいうと裕福といえるかもしれません。しかし，Aさんにとって比較の相手が隣に住んでいる年収1500万円のBさんであったならば，Bさんとの比較においてAさんは相対的に劣位者として自己を位置づけることになります。年収の比較であっても，実際にどれだけの金額を稼いでいるかが優劣の基準になっているのではなく，他者との比較において勝っているか負けているかが重要なのです。

2．他者のシャドウ

　シーソーの構造がおもしろいのは，次のような特徴があるからです。すなわち，自分が勝ちたいときには努力するのが1つの手段ではありますが，別に実際には自分は何もしていなくても，相手が下にいるのを見ればそれだけで勝った気分になることができるのです。シーソーで相手が下に位置すると，必然的に私の位置が上がる。反対にいうと，下にいる人を見るとそれだけで自分の位置が上がったかのように感じられる，ということです。他者は，いわば自己の影（シャドウ）としての位置を占めているのです。

　「他人の不幸は蜜の味」という言葉があります。他人が下方にいると，何もしていなくても自分が勝ったように思えて，気分がよくなるというわけです。それは，シーソーの構造によって，その人よりも自分のほうがすぐれているように感じられるからです。下にいる人を見たとき，心のなかのシーソーが動き出して，自分の位置が上がります。他人の不幸を見て，自分の優位を確認するというシーソーの動きです。

3．逆転の思想

　公正なルールのもとでの競争で，自分が勝つことが不可能とわかったとき，どうするでしょう。勝利を他人が手に入れるのは，とても悔しいことです。このとき，努力して自分を上昇させるのではなく，優位にある他者を引きずり下ろすことで，相対的に自己を優位化するという戦略が可能です。そうすると，けっして自分が何かを得たわけではないのだけれど，引きずり下ろした相手に対して優越感を感じることができます。相手の位置が下にくると，シーソーの構造として自然と自分の位置が上がるからです。

　しかし，ここで得られる優越感は，幻想の優越感というべきでしょう。実際には，何も得るものはないのです。むしろ，多くのものを失ってしまっているのかもしれません。それにもかかわらず，相手の位置が下がったということだけで，あたかも自分が勝ったかのような優越感を感じているのです。場合によっては，勝ち続けている相手に対して，そういつまでもうまくいくはずがないさ，そのうち失脚するさと思い込むことで，想像的に相手の位置を引き下ろすことで自分を納得させるということもあるでしょう。そのような想像上の引き下げでさえ，それなりに自己の優越感を引き出すために役立つのです。このように，勝ったときの優越感や負けたときの劣等感は，必ずしも確実で現実的な基盤をもつとは限らないのです。

　想像上での優劣逆転によって自分より優位にある者を見下そうとする心情を，**ルサンチマン**（怨恨）といいます。勝利を幻視するルサンチマンの情念は，皮肉なことに現実での競争の努力を放棄させて，劣位者を劣位者の立場にとどまらせるようなイデオロギー的効果をもつことがあります。天国での優劣逆転を夢見て想像上の優越感に浸ることで現在の困窮を耐え忍ぶ，というルサンチマンの心情に基づく生活態度は，弱者による反抗をいわば骨抜きにするのです。このような劣位者の怨念をニーチェ（Nietzsche, F. W.）は奴隷道徳と呼びました。勝者にあこがれながら努力を放棄して愚痴をこぼすだけの立場に甘んじる態度は，差異が固定された社会（☞ **E10**）を安定的に維持する働きをします。

担当者（W）

T11

TOPIC 11 社会的感情のキューブモデル

1. 荷重のシーソーと社会的感情

ここでは社会的な感情についてながめてみましょう。特に社会的立場の違いが引き起こす**社会的感情**の性質について見ていくことにします。TOPIC10（☞**T10**）でもふれたように，2人の間の荷重の違い（荷重差）はシーソーの図でとらえることができます。図T11-1左に示されたソシオグラムに注目してください。私（A）は，相手（B）の私に対する想い以上に，相手のことを想っています。その差は$W_{ba}-W_{ab}$によって計算でき，自分の荷重のほうが大きければ負，小さければ正の値となります。荷重量の観点から見て，負の値であるということは自分が劣位にあるということであり，シーソー図では黒丸で示されています。逆に正の値であるということは自分が優位にあるということで，この場合では他者Bがそうであり，白丸で示されています。私たちは自分のシーソーの位置が何とか上になるように，荷重戦略を練っていると考えてよいでしょう。

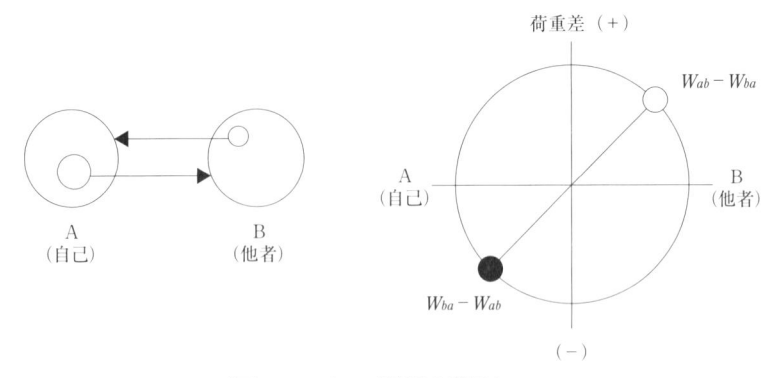

【図T11-1】二者関係と荷重シーソー

2. 社会的感情の分類

自己と他者の荷重関係によって生起する社会的感情は，

①相手との荷重差が正である（優位である）のか，負である（劣位である）のか。
②荷重差を縮小する戦略（平等化）なのか，拡大する戦略（差異化）なのか。
③操作対象として荷重Ⅰと荷重Ⅲのどちらを選択したのか。

という選択肢によって，8つのパターンに分類することができます。この8つのパターンの主な感情について，いくつか検討していきましょう。

まず，自分が優位にいるのか劣位にいるのかによって生起する感情は大きく異なるはずです。相手のことを「あわれんだり」「さげすんだり」するのは，自分の社会的地位が優位にあるからです。「あわれみ」と「さげすみ」では荷重コントロールの方向性が異なります。「あわれみ」では，私たちは他者を「かわいそうに」とあわれんだ結果，慰めたり，励ましたりして他者と同等の地位となるような行動をとるはずです。それとは逆に「さげすみ」では，私たちは他者に対して，たとえば鼻であしらったり，無視して相手にしなかったり，他者との地位の差が拡大するような行動をとるはずです。ソシオン理論では，**前者を平等化**，**後者を差異化**と呼んでこの荷重操作の方向性の違いを区別しています。最後に，荷重操作の対象として荷重Ⅰと荷重Ⅲのどちらを選択したのか，という区別があります。自分が優位に立っているのだけれど，相手と同等の地位になりたい場合を考えましょう。その場合，自己に注目するか相手に注目するかで生起する感情のタイプが異なります。すなわち，荷重Ⅰを選択すれば相手を「あわれむ」という感情が生起し，それに対して，荷重Ⅲを選択すれば，自分を「つつしむ」という感情が生起します。

【表T11-1】社会的感情の分類

自己―他者	平等―差異	優位―劣位	
荷重Ⅲ	平等化	つつしむ	ねだる
	差異化	おごる	いじける
荷重Ⅰ	平等化	あわれむ	うらやむ
	差異化	さげすむ	あがめる

3．感情キューブ

　以上の分類を整理すると，社会的感情のキューブを構成することができます（図T11-2）。社会的感情は，①自分が優位か劣位か，②荷重操作は平等化か差異化か，③操作対象の荷重はⅠかⅢかによって，それぞれ8つの頂点に位置づけられます。たとえば「あがめる」とは，①自分が劣位にありながら（劣位），②私と相手の社会的地位の差が拡大するように（差異化），③相手の行為（荷重Ⅰ）を「あがめる」わけです。「うらやむ」ならば，①自分が劣位である場合に（劣位），②私と相手の社会的地位の差が縮小するように（平等化），③相手の行為（荷重Ⅰ）を「うらやむ」わけですから，「あがめる」と「うらやむ」は②の点で，ちょうど逆の位置関係にある社会的感情だということがわかります。

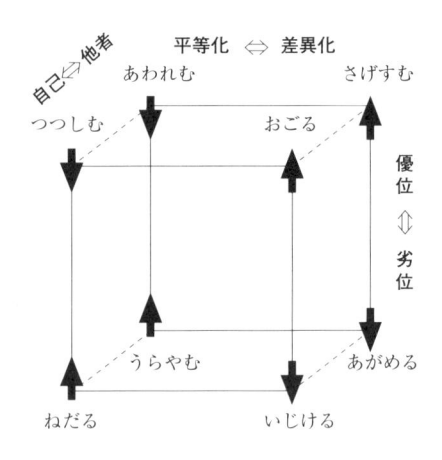

【図T11-2】社会的感情のキューブ

担当者（J）

EPISODE 12 荷重布置と人間関係を表す言葉

1．「好き」と「嫌い」

　私たちは何気なく人間関係を表す言葉として「好き」とか「嫌い」といった言葉を口にしますが，ここでは「好き」や「嫌い」といった言葉が，ソシオグラムにおいてどのように表記されるのかを確認していきたいと思います。「好き」や「嫌い」といった言葉は，TOPIC 7（☞T7）でも述べたように自己のなかに他者の円（荷重Ⅰ）を描くことで表すことができます。図からは「好き」や「嫌い」といった感情は一方的なものであるということがわかります。言い換えれば，これは荷重の非対称性を示しているといえます。それに対して，「受容する」や「拒否する」といった言葉には，相手（他者）が自分（自己）を思っていてくれるという前提が込められています。相手が思っていてくれないことには，受容したり拒否したりするものがありません。「嫌う」や「拒否する」はよく似た言葉ですが，ソシオグラムに表すことで言葉の意味の違いが表現されていることがよくわかります。

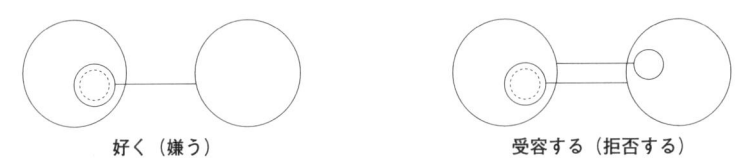

　　　　好く（嫌う）　　　　　　　受容する（拒否する）
【図E12-1】「好く」と「受容する」のソシオグラム

2．「尊敬する」と「謙譲する」

　このように，ソシオン理論のソシオグラムから言葉を分析してみると，さまざまな単語に，社会関係の意味合いが込められていることがわかります。ここでは，尊敬や謙譲という社会的関係の荷重布置について，二者関係のソシオグラムを使って検討していきましょう。例として，以下のような状況を考えてみます。あなたは出席したあるパーティーで，見知らぬ男性に話しかけられました。自分とは同じような背格好で年齢も同じぐらいのように見えたので，丁寧ですが知人と話すような口ぶりで話し始めました。しかしながら話が進むにつれて相手の男性は，どこかの企業の社長さんで自分よりも年上だということがわかってきたとしましょう。先ほどの口ぶりで話し続けるのは失礼なので，話し方も変えないとマズイようです。

　あなたがするべきことの1つめは「**あなたは私よりも上の立場です**」ということを

伝達することです。あなたが「おっしゃるように」とか「ご覧になっているのは」と**尊敬語**を用いて相手の動作を表現します。これは，「相手の動作（＝荷重Ⅱ）を価値あるものと思っています」と，尊敬語を通じて表現することで，相手の荷重パターンとのバランスをとるという戦略だと言い換えることができます（相手の荷重Ⅱとは自分の荷重Ⅰであることに注意しておいてください）。2つめは自分を低く評価して**「私はあなたよりも下の立場です」**と伝達することです。私が「申しましたように」とか「拝見いたしましたところ」と**謙譲語**を用いて自分の動作を表現します。これは同様に，自分の動作（＝荷重Ⅲ）が取るに足らないものである，ということを謙譲語を用いて表現することで，相手とのバランスをとる戦略と考えることができます。「尊敬語」や「謙譲語」といった言葉の裏には，じつは社会関係を調節するための戦略の違いがあり，言い換えれば，荷重Ⅰを増やすか，荷重Ⅲを減らすかという意味が込められているということがソシオグラムによく表れています。

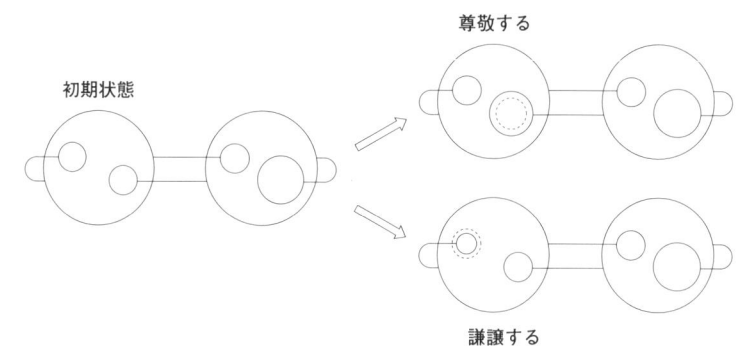

【図E12-2】尊敬と謙譲のソシオグラム

3．「かわいがる」と「軽蔑する」

　もう1つ別の例として，ここでは「かわいがる」という言葉に込められているその意味について，ソシオグラムを用いながら検討してみましょう。

　ある言葉の意味を確かめてみるよい方法は，文脈を変えて試してみることです。「かわいがる」を例にとれば，「父親が娘をかわいがる」や「上司が部下をかわいがる」と言うことはできますが，それとは逆に「娘が父親をかわいがる」や「部下が上司をかわいがる」というとおかしな感じがしてしまいます。ここで共通点を検討してみると，父→娘や上司→部下といったように，そこに上下関係があることがわかります。したがって「かわいがる」という言葉には「上下関係」が前提とされていることがわかります。「ペットをかわいがる」という言葉には，主人→ペットという社会的地位の違いが反映されているのです。

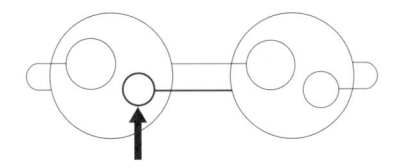

社会的地位が上　　　　　　　　　　　　　　社会的地位が下

【図E12-3】「かわいがる」のソシオグラム
矢印部分が黒丸なら「軽蔑する」

　「かわいがる」という言葉をソシオグラムで描いてみると図E12-3のように表されます。社会的地位が上である（荷重Ⅲが大きい）人が，地位が下である（荷重Ⅲが小さい）人を，ポジティブに評価する（荷重Ⅰが白丸）ことが「かわいがる」ということの意味です。逆に，たとえば「軽蔑する」とは，ソシオグラムを用いて表記すると，同様の上下関係でネガティブに評価することであることがわかるはずです。

担当者（J）

§4 三者関係のロジック

　Kの来た後は，もしかするとお嬢さんがKの方に意があるのではなかろうかという疑念が絶えず私を制するようになったのです。果たしてお嬢さんが私よりもKにこころを傾けているならば，この恋は口へ云い出す価値のないものと私は決心していたのです。

夏目漱石「こころ」

TOPIC 12　荷重の推移性

1．三者関係のルール

　三者関係（トライアッド）には，三者関係独特のロジック（論法）が働きます。
　話を簡単にするために，関係を「好き」か「嫌い」かの2種類で考えてみましょう。私，あなた，彼／彼女，の三者関係が好きか嫌いかで表されるとしたら，みんなが好き合っているのがベストな関係だといえるでしょう。逆にみんなが嫌い合っているのがワーストです。では，この中間はどうでしょうか。3人ですから，力関係としては必ず2対1になります。こんなときは，「敵の敵は味方」というようなロジックが働くのです。この点に注目して三者関係のパターンを描いていきたいと思います。

2．転移の4パターン

　三者関係で順番を考慮すると，図T12-1の4つのパターンが考えられます。感情が移るという意味で，このバランス状態に向けての変化を「転移」といいます。

　　　　順直列転移　　　　順並列転移　　　　逆並列転移　　　　逆直列転移

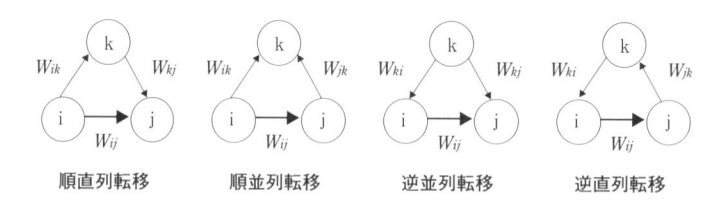

【図T12-1】 4つの転移パターン

　最初の「順直列転移」とあるのは，「私（i）が好きな人（k）が好きなjは，私も好きだ（好きになろう）」という考え方（ロジック）です。具体的には，「あの人が保証人になるのなら，私もあなたを信用しましょう」とか，「私の恋人がAのことを嫌いだと言っていた。きっと私もソリがあわないと思う」とい

った例があげられるでしょう。

2番めの「順並列転移」は，「私（i）が好きなkをともに好いてくれるjは，私も好きだ」というものです。ファンクラブのメンバーどうしが仲良くなれるのは，このようなロジックによるものです。

3番めの「逆並列転移」は，「kが好きな私（i）とあなた（j）は，仲良くなれるでしょう」というものです。友達に友達を紹介してもらうときは，このようなロジックがあるようです。あるいは，友人kに「私はjのことが嫌いだ。あなたはどう思う？」と言われたiが「あなたがそういうなら，きっとjは悪いヤツだ。私もきらいだ」となってしまうことなどが考えられます。

4番めの「逆直列転移」は，あなた（j）が好きなkが，私（i）を好きだといってくれた，という状況です。これは「きっとjがkに，私のことをよく言ってくれたのだろう」といった推測からか，「ありがとう，私（i）はあなた（j）が好きです」となる，というものです。ちょっといびつな感じもしますが，まったくない話でもなさそうです。

3．推移性のロジック

ところで，最後の逆直列転移以外は，よく見ると同じ形をしています。図を回転させれば，いつも1人から2つの矢印（荷重）が出ていて，それを受け取る2人の間にも関係がある，という形です。最後の逆直列転移だけは，2つの荷重をもつ人がいないので，このパターンからは外れます。

この逆直列転移以外の，3つの転移パターンに潜む法則を，**推移性**といいます[注1]。これは，三段論法よろしく「AはBである。BはCである。ならば，AはCである」といった関係のつながりになっていて，バランス状態を達成するように構成されるロジックです。ソシオン理論においても，この推移性は重要な位置を占めています。

担当者（K）

＊注1　英語では転移も推移もtransitivityです。

EPISODE 13 認知均衡理論群

1．ハイダーのバランス理論

　三者関係における独自のロジックについて，最初にこれに注目し，理論化したのが社会心理学者のハイダー（Heider, F.）です。ハイダーは，人は一貫性のとれた関係を好む，という理論を提唱しました。これをバランス理論とか，POXモデルと呼びます。POXというのは，ある人Pと，他者Oと，もう1つの対象（なんでもよい）Xとの三つ組で考えるというものです。

　推移性のときのように（☞**T12**），関係を「好き（ポジティブ，P，＋）」と「嫌い（ネガティブ，N，－）」の2つに分けましょう。このとき，POXのパターンは次の図E13-1の8通りになります。

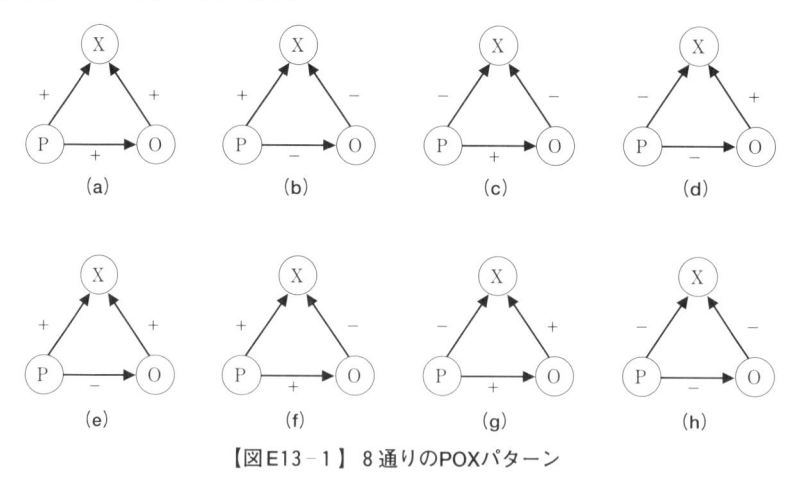

【図E13-1】 8通りのPOXパターン

　ハイダーは，この図の上半分（パターン（a）から（d））を**バランスのとれた好ましい状態**とし，下半分（パターン（e）から（h））を**インバランスで好ましくない状態**，と定義しました。確かに，「嫌いな人が好きなものは，嫌い（パターン（d））」というのはよくある話ですし，納得できます。逆に「好きな人が嫌っているものを，私は好んでいる（パターン（f））」という状態はあまりよくない状態でしょう。インバランス状態にある人は，なんとかしてバランス状態にしようとする，これがバランス理論と呼ばれるものです。

2．バランス理論の考え方

バランス理論は，三者関係をバランス状態とインバランス状態に分けます。組み合わせとしては図E13-1の8通りですが，P，O，Xの位置が変わっているだけで，その本質はポジティブの関係が1個（PNN）あるいは3個（PPP）あればバランス，0個（NNN）あるいは2個（PPN）であればインバランス，というものです。すなわち，図E13-1は図E13-2のように描き表すことができるのです。

バランス　　　　　　　　　　　　インバランス

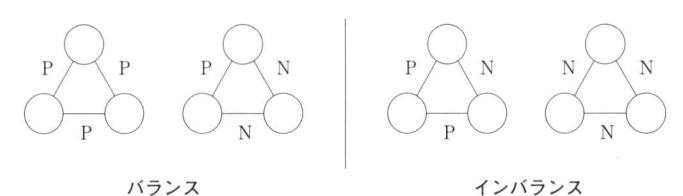

【図E13-2】バランス理論の基本4パターン

3．その他のモデル

社会心理学では，他にも類似したモデルがあります。ニューカム（Newcomb, T. M.）はある人A，B，それと対象Xによるバランスを考え，そのモデルはABXモデルといわれました。オズグッド（Osgood, C. E.）とタンネンバウム（Tannenbaum, P. H.）のPSCモデルというのも，人Pが情報源Sから概念Cを与えられるとき，どのようにして心の一貫性を保つか，という議論をしたものですし，フェスティンガー（Festinger, L.）の認知的不協和理論も，心の一貫性を保つために，行動が変化することを示した理論です。これらの理論は，総称して**認知均衡理論群**と呼ばれます。

ソシオン理論における転移の概念は，この認知均衡理論の考えを発展させたものです。ただし，ソシオン理論ではP，O，Xに対応するのが荷重なので，「誰の誰に対する荷重か」という荷重の向きによってバランス状態とインバランス状態の解釈が違ってきます。より複雑な場合には一方にとってバランスでも他方にとってインバランス，ということにも発展していくのです。

担当者（K）

TOPIC 13 認知的経済性

1. 推移性と掛け算

　三者関係のルールの基本は推移性だ，という話はTOPIC12でしました（☞**T12**）。ところでこの推移性は，4人，5人，と関係する人数が増えていっても同じルールを適用できます。たとえば，4人のときは，「敵の敵の味方は？」ということを考えますが，最初の「敵の敵」は「味方」ということになりますので，それを代入して「味方の味方＝味方」という答えを出すことができます。今，"代入"という数学用語を使いましたが，推移性はこのように数学の掛け算に似たところがあるのです。

　「敵」をマイナス，「味方」をプラスと考えると，推移性のルールは正負の掛け算と同じであることがわかります。符号（荷重価）だけの式では，同符号の積は正，異符号の積は負になります。つまり「敵の敵の味方は？」は「マイナス×マイナス×プラス→？」という問題で，結果はもちろん「プラス」，すなわち「味方」ということになります。これだと，人数が何人になっても，プラスとマイナスの掛け算をくり返すだけなので，簡単に答えが出せます。

2. 推移性の行き着く先

　人間関係を考えているのに，急に数学の話になったな，と眉をひそめた人もいるかもしれません。あるいは，本当に人間はこんなに複雑な計算をしているのか？と疑問をもった人もいるかもしれません。

　しかし，この推移性（掛け算）のルールは，世界を一番簡単にするルールなのです。掛け算の結果なので，答えは必ずプラスかマイナスのどちらかになります。あいまいな答えはないし，結果はいつも2種類しかないのですから。

　図T13-1に推移性が成り立っているグループと，そうでないグループを描きました。成り立っているグループは，敵か味方かで判断できるので，たいへん簡単です（図ではわかりやすくするために，白組と黒組に色分けしました）。こ

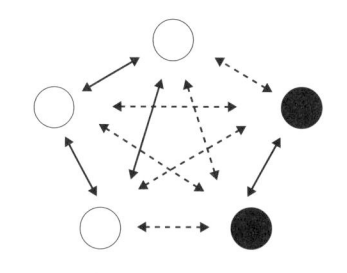

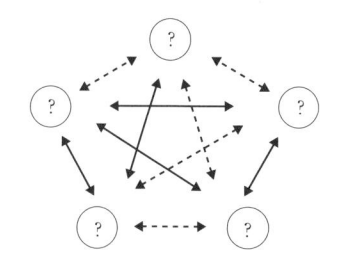

(a) 推移性の成り立っているグループ　　(b) 推移性の成り立っていないグループ

【図T13-1】「好き」を実線,「嫌い」を点線で表現したグループ

のように,推移性を厳密に適用していくと,世界は白か黒かに二分されます[*注1]。

3. 推移性はなんのためにあるのか？

　図T13-1 (a) では,白グループのメンバーどうしは好き合っています。黒どうしも好き合っています。白のメンバーと黒のメンバーは嫌い合っています。ということは,「あの子はこの子が好きで,この子はあの子が嫌いで,この子はあの子が好きで……」という人間関係の情報を,すべて覚える必要はない,ということです。メンバーが白組か黒組か,ということさえわかれば,一人ひとりの関係はそこから推測できます。推移性が世界を二分する,というのを逆に利用して,二分された世界から人間関係をとらえられるのです。

　逆に,推移性が成立しなかったらどうでしょうか？　図T13-1 (b) では,推移性が十分に成立していません。世界が白と黒に塗り分けられていないので,この5人の人間関係を考えるときは,一つひとつの組み合わせ＝10組,荷重20個分を把握しなければならないのです。推移性は世界をなんと単純にしてくれることでしょう！

　じつは,数学的にも,推移性が一番簡単な人間関係であることが証明できます。簡単であれば頭を使わなくてよい,という意味で,**認知的経済性**が高い,といわれることもあります。人間（＝ソシオン）は頭への負担をなくすために,推移性というロジックを作り出したのかもしれません。

担当者（K）

[*注1]　これは数学的に証明され,**構造定理**と呼ばれています。

EPISODE 14 不安と安心の波紋

1．ネットワークの力学

　人が多く集まれば，ネットワークの力によってさまざまな現象がみられます。たとえば「いじめ」といった問題は，ネットワークによるものです。2，3人ではあまり起こらない現象ですが，10人を超えはじめると1人が非難の対象となったりして「いじめ」が起こりやすくなります。人数が大きくなればなるほど，より悲惨な問題に発展してしまうことがあります。

　「いじめられっ子」やその逆の「人気者」の出現，といった多くの人が集まるところに現れる特有の現象は，じつはネットワークのなかにある非常にシンプルなルールが積み重なって形成されているのです。

2．味方の敵は敵

　TOPIC12（☞**T12**）で紹介した推移性のルール，味方の敵は敵という考え方は三者以上の集団であってもあてはまります。下の図のように，大人数の集団は三者関係という単位に分割することができるのです。図ではABCの3人による三角形と，ACDの3人による三角形ができています。

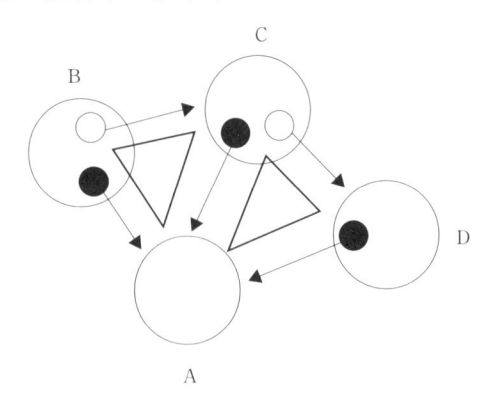

【図E14-1】 多人数でも三者関係に分割できる（三角形が2つ）

　図E14-1に示されているのは，「いじめ」が生じるプロセスです。まず，BがAのことを嫌いになったとしましょう。BはCと仲良くやっていますので，A，B，Cの

3人がバランス状態になるには、CがAを嫌いになるほかありません。ここにDが新しく登場し、CがDと仲良くしようとすれば、DはAを嫌いになるほかありません。こうして、1人だけが嫌われ、後のみんなは仲良し、というネットワークがどんどん広がっていくことになります。

3．不安と安心の波紋

このように、「いじめ」の力学は推移性のルールが積み重なって働いているのです。人が多くなるにつれ、どこかで「誰かに嫌われはしないか」という不安をもっている人が逆に誰かを攻撃することで安心を求めると、推移性の力学によっていじめの波紋はネットワーク全体に広がっていきます。この「いじめ」という現象はネットワークの安定した状態（バランスがとれている状態）ですから、いっきにいじめられっ子を生み出す方向に走り出してしまう傾向があるのです。「いじめ」の力学は人がもつ「嫌われたくない」という不安と、ネットワークが安定した状態に変わっていくという性質によって現れるものである、と説明することができるでしょう。

このような現象は「いじめ」だけに限りません。「人気者」の登場という現象も、推移性とネットワークが生み出すものです。友達が尊敬している友達は、そんなに知らなくてもすばらしく思えたりする、というポジティブなネットワークの広がりです。

人気者の人は、はじめからそういった「人に好かれる気質がある」と思われがちですが、案外ネットワークの波紋が誰かを人気者に押しやっている可能性もあります（☞ **E23**）。

担当者（S）

EPISODE 15 いじめのきっかけ

1．友と敵

　三者関係には，二者関係とは異なる人間関係の力学が作用します。二者関係の場合は私とあなたの関係だけですが，三者関係になるとそれに加えて，あなたとあなたの関係（他者どうしの関係）も影響してきます。ここが三者関係のややこしいところで，私とあなたAの関係が，あなたAとあなたBがどんな関係であるかによって決まることがあります。たとえば，私の親友が紹介してくれる友達に対しては，たぶん最初から仲良くなれるだろうという期待とともに接するでしょう。友達の友達は友達だ，というわけです。あるいは，反対に私の親友が「あいつのことが嫌いだ」と言って私がまだよく知らない第三者を指し示したら，きっと私はその人のことを嫌なやつに違いない，という先入観をもって見るでしょう。

　このとき私がこのような予期を抱くのは，友の友は友，あるいは友の敵は敵という三者関係のロジックに基づいています。これに，敵の友は敵，敵の敵は友，というパターンを加えた合計4つが，三者関係の力学の基本動作になります。この基本動作は，三者における正（P）の関係（信頼，愛情などポジティブな感情で結ばれた関係）と，負（N）の関係（不信，憎悪などネガティブな感情で結ばれた関係）の配置パターンを表しています。三者関係の力学では，正の関係3つか，負の関係2つと正の関係1つのとき，ネットワークが安定すると仮定されます（☞**T12**，**E23**）。

2．スケープゴート

　三者関係の力学によると，3人集まれば仲良し3人組になるか，2対1に分かれるかのどちらかの関係パターンに収束すると考えられます。三者関係の基本4パターンのうち，1つだけが3人仲良しの幸福なケースで，あとの3つは排除を含むパターンです。単純に考えても，3人仲良しの三者関係よりも，排除を含む三者関係のほうが割合として多くなるのがあたりまえなのかもしれません（もっとも，だからといっていじめが起きるのは仕方がない，なんて考えてもそれこそ仕方がないことですが）。仲良し3人組をつくるためには，自分と2人の相手の関係をポジティブにして，さらに相手どうしの関係もポジティブにしないといけません。それに比べると，誰か1人を「スケープゴート」（身代わりの犠牲）にすることで2人が結託するという方法は，容易で安易なように思えてしまいます。

3．きっかけの容易さ

　意図的に生けにえとしてささげるという企みでなくても，何気ない日常の会話のなかから，結果としてスケープゴート化が実現する場合もあります。たとえば，何気ない日常のこんな会話からいじめが発生することがあるかもしれません。

　　Aさん「Cさんって，時どき人の話を聞いてないよね」
　　Bさん「あら，私も前にそんなふうに思ったことあるよ」
　　Aさん「えー，やっぱり？」
　　Bさん「うんうん」
　　Aさん「前から思っていたけど，あの人ちょっと嫌な人だね」
　　Bさん「そうかもねー」

　たまたまそこに居合わせなかったもう1人の友人Cさんが，ここでは生けにえとしてささげられています。3人いっしょにいるときは，たぶんみんなそれなりに仲良く楽しくやっていたかもしれません。だけど，たまたまCさんが不在だったとき，ほんの小さな陰口がエスカレートして止まらなくなる，ということがあります。ここでは，Cさんを生けにえにすることで，この2人の結託が成り立っています。3人いれば派閥ができるといわれるように，三者関係は，日常的なレベルでの"政治"の力学が渦巻く場なのです。

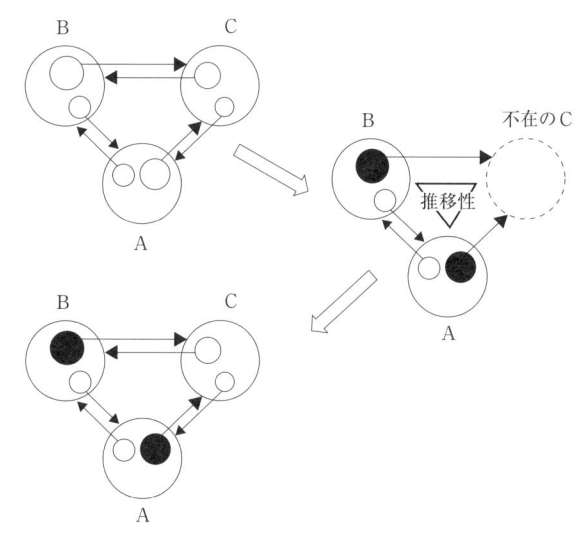

【図E15-1】Cの居ぬまに荷重が変わる

E15

　二者の関係を安定的に保持するために，不在の第三者を生けにえにささげるということは，しばしば無意識のうちに多くの人がやっていることなのかもしれません。まだあまり親しくなりきっていない相手と雑談しているとき，たまたま話題が誰かの悪口になって意気投合，急激に親しみを感じるということがあります。哲学者のレヴィナス（Levinas, E.）は，密接な2人のかたわらには傷ついた第三者の存在が隠れているものだ，と言っています。他者の排除と親密な関係の形成は，ネットワークのなかで分かちがたく結びついているのです。

担当者（W）

EPISODE 16 嫉妬

1. 荷重ルールの複合的効果

　TOPIC12（☞**T12**）で紹介した推移性の法則に他の法則がからんでくると，非常に複雑な心理現象も現れます。

　たとえば嫉妬などがそうです。仮に，A君はすごくかわいい女の子Bさんに恋愛感情をもっていたとします。でもBさんがA君とは別の男性，C君を愛してしまった場合，推移性のルールだけでいえば恋のライバルであるC君のことも好きになりそうですが，常識では実際にそうはいかないことは明白ですね（図E16-1）。

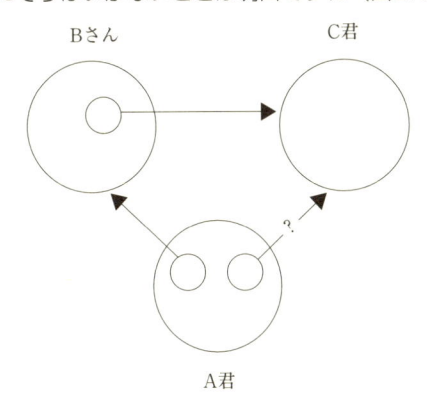

【図E16-1】恋のトライアングルに推移性は成り立たない

　恋愛関係には，「排他性」という他の関係性にはない特徴があります。「排他性」とは，特定の人を好きになったら（愛してしまったら），他の人は好きにならないということです[注1]。

　また，A君にとって大好きなBさんの荷重Iは重要な意味をもっているので，荷重最大化の傾向から，ぜひとも自分に荷重を与えてほしいと考えてしまいます。しかし男女関係の場合，「排他性」によってBさんがC君と同時にA君のことを愛してくれることはありません（それが可能な人がいるかもしれませんが……）。ですから，A

[注1] ひょっとしたら，1人の人間が他者に対して与えることのできる荷重の総量には限界があるのかもしれません。これを荷重結合定量の仮説と呼びます。

君からするとどうしてもほしいBさんの荷重Ⅰが手に入らない危険性があるのです。
　すると，恋のライバルであるC君が邪魔になってくるでしょう。Bさんのことを好きになればなるほど荷重最大化の影響が大きくなります。そうなるにつれて，A君はC君を好きになるどころか憎んでしまいます。このような「自分がほしかったものが他人に奪われてしまうから，悔しい，嫌だ」という感情を嫉妬といいます。

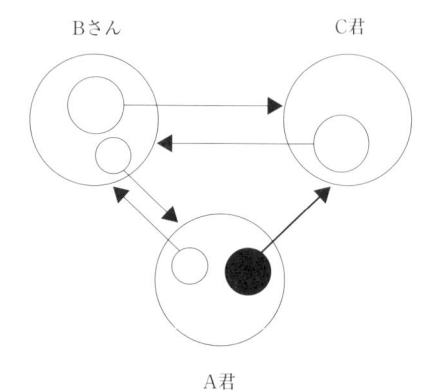

【図E16-2】C君が邪魔者

２．いろいろな嫉妬

　嫉妬は恋愛においてだけ生じるものではありません。「自分がほしかったもの（荷重）が他人に奪われてしまう」という感情は，それ以外にもさまざまなところで現れてきます。
　たとえば，いつもクラスで成績が１番のDさんが，あるときFさんに１番の座を奪われたとします。こういったとき，Dさんは素直にFさんの結果を喜べるでしょうか。選択肢としては，自分の努力が足りなかったと自分を責めるか，Fさんをねたむかのどちらかですが，シーソーのモデル（☞**T10**）を考えると自分が劣位にいくのは嫌だ，となります。この気持ちは得てして，何かFさんが不正をしたのではないかしら？というような，ネガティブな感情につながっていきます。これも１番は１人だけしか得られないものであるという性質が，推移性に付け加わって生じたものであると考えられます。
　ここでは推移性と排他性の複合的効果について紹介しましたが，この他にも複数のルールの影響でさまざまな諸相を見せる可能性があり，それがまた人間関係の醍醐味であるといえるでしょう。

担当者（S）

TOPIC 14 ネットワークで生じる権力

1．闘争と連帯

　三者関係の力学は，P関係3つか，N関係2つとP関係1つのパターンが安定状態であることを示しています。反対にいうと，それ以外のパターン，すなわちN関係3つ（敵の敵は敵）か，P関係2つとN関係1つのパターン（友の友は敵，友の敵は友，敵の友は友）は不安定ということです。

　3つのN関係は，「万人の万人に対する闘争」状態を表しています。しかし，現実にはミンナが敵であるとき，敵の敵は友という三者関係の力学が働いて，まず共通の敵を倒そうということになってどこかに連帯が生まれる可能性があるでしょう。2つのP関係を含む三者関係は，板ばさみ的葛藤を抱えた状況を表しています。

　たとえば，私にとってはどちらも仲良しの友人Bと友人Cがけんかをしているという，友の敵が友であるような状況を考えてみましょう。間に立つ自分としては，2人とも大切な友人なので，できれば仲直りしてもらいたいと思います。けれども2人の対立は激しく，仲直りは見込めそうにないというとき，あなたにとっての可能な選択肢は，どちらか一方に味方して，他方と敵対すると

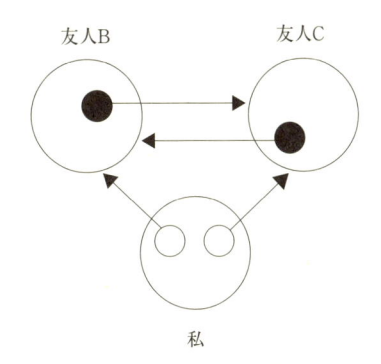

【図T14-1】友人どうしのけんか

いう方法しかありません。どちらも友人なのに，どちらかを裏切らねばならないという苦渋の選択，ジレンマ状態です。

さらに，けんかをしている２人は，あなたを味方に引き入れようとしています。ここで，友人ＣはＤとＥの存在を交渉材料に持ち出してくるかもしれません。私に敵対すると，ＤとＥまで敵に回すことになるよ，と。

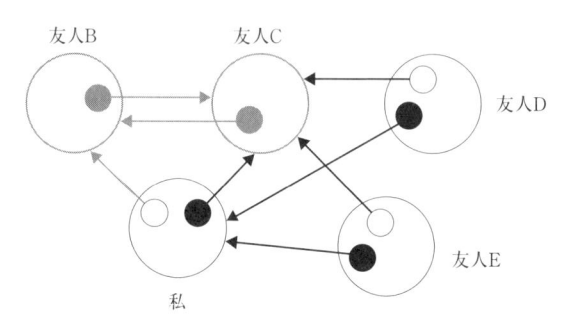

【図Ｔ14－２】Ｃを敵に回すと敵が増える!?

２．「みんな」の亡霊

多数者の後ろ盾をもつ人に対しては，文句が言いづらい状況が生まれます。したがって，たくさんの後ろ盾をもっている人は，直接的に暴力に訴えることなしに制裁への予期を呼び覚ますことで，自分の要求を押し通すことができるのです。

子どもが親に玩具をねだるとき，こんなふうに言うことがあります。「ねえ，あれ買ってよ。みんな持ってるもん！」と。このとき，子どもは「みんな」という仮想の主体を設定することで，親に対する権力行使を試みているのです。親は，みんなが持っていて自分の子どもだけが持っていないと仲間はずれにされるんじゃないかという不安もあるし，ついつい「みんな」という言葉に負けて買い与えてしまったりするものです。でも，ひょっとしたらそれは「みんな」が持っているわけではないかもしれません。子どもの戦略だったりして。

３．裸の王様

「みんな」という仮想の主体は，人間の行為を拘束する力をもちます。「裸の王様」の寓話は，「みんな」の怖さを的確に表現しています。「みんな」には王

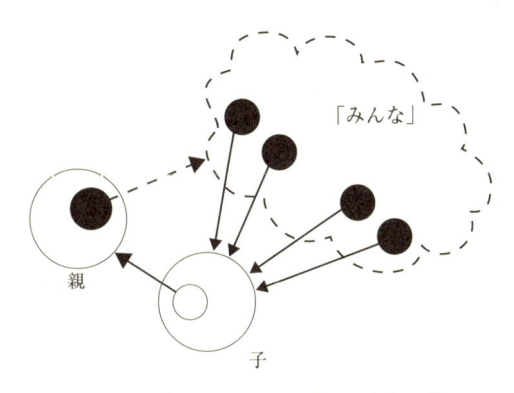

【図T14−3】顔の見えない「みんな」は怖い

様の衣装が見えているはずなのに自分には見えない，とみんなが思っているがゆえに誰も見えないとはいえなくなる，という皮肉な状況です。私は知らないけどみんなは知っているはず，と思い込むと，自分の無知をさらけ出すことが怖くなるものです。誰一人じつは見えていないのに，「みんな」が見ているとみんなが思うと，社会的には「見えている」ことになるという話は，全体主義的な社会の怖さにも通じる洞察を含んでいます。

担当者（W）

EPISODE 17 集団間の葛藤と推移性

1．第1段階：集団の形成

シェリフ（Sherif, 1961）らは，どのような条件で集団が対立（集団間葛藤）し，またその葛藤が解消されていくのかを確かめるために，少年のサマーキャンプを利用して野外実験を行いました。キャンプに参加した少年たちはランダムに2つのグループに分けられ，別々のバスでキャンプ場へと向かいます。また，別々の小屋で共同生活を営むことで，きっかけはランダムな振り分けでしかなかったメンバー間に団結心が生まれていきます。第1段階が終了する頃にはグループ名がつけられ，自発的にリーダーやルールが決定されました。

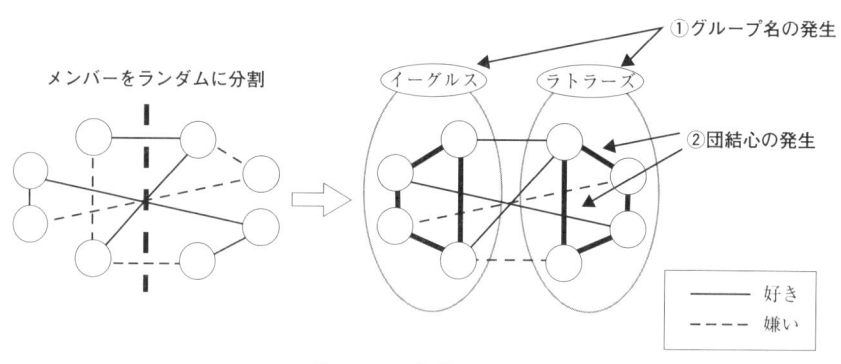

【図E17-1】集団の形成

2．第2段階：集団間の葛藤

実験者は対抗試合（綱引き）を催し，集団間に対立関係を持ち込みます。試合によって少年たちはイーグルスとラトラーズというチームを意識しはじめ，相手集団に対する敵対心をもちだします。試合がヒートアップするにつれて，少年たちは相手チームのことを野次りだしました。試合に負けたイーグルスはその夜，腹いせにラトラーズのシンボルである旗を燃やし，ラトラーズは報復でイーグルスの旗を奪おうとします。その後は互いの悪口や殴り合いが始まり，小屋の襲撃が続きました。

なぜこのようなことが起こったのでしょうか？　これには推移性の荷重力学が大きくかかわっています。少年たちは実験者によって催された試合によって，対立を意識しはじめました。図E17-2①にも示されているように，対立は不安定なトライアッ

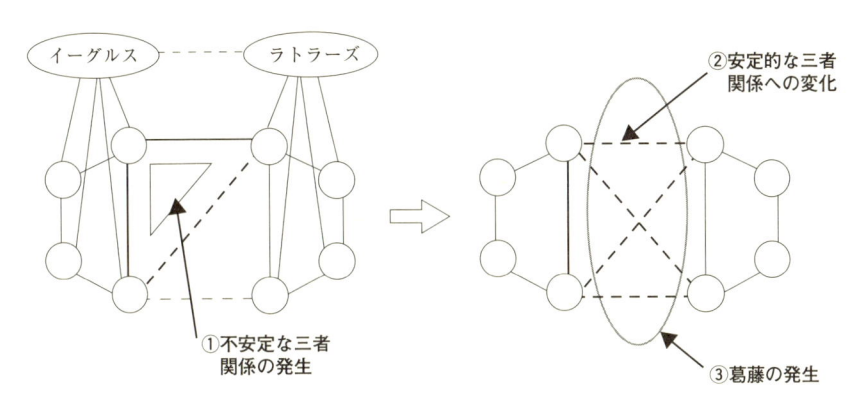

【図E17-2】集団間葛藤の発生

ドを生み出します。その結果，少年たちの心は安定した関係構造へとシフトするために，初期段階では好意をもっていた相手チームの少年に対しても，敵対心をもちはじめるのです。味方の敵は敵である，というわけです（＝推移性）。逆に，敵の敵は味方である，という論理が強化されることで，今までは何とも思っていなかったメンバーに対しても親近感がわきはじめます。このようにそれぞれのメンバーが推移性の心理プロセスを働かせることで集団間には対立関係が生じ，集団内では結束が強まるという結果になります。ポイントは図E17-2右にも示されているように，1つ1つのトライアッドは**どれもが安定的**であるという点です。そのために集団間の葛藤はたやすく解消はできません。

3．第3段階：葛藤の解消

このような敵対関係を終わらせるために，実験者はお互いがいっしょに過ごせるような企画を催しました。食事や映画，花火大会などです。しかしながら，葛藤は減少するどころか，むしろ助長されてしまいます。夕食会ではののしりあい，ゴミや食べ物を投げつけあうという感じで試みは失敗に終わります。次に実験者は方法を変えて，単独の集団では解決が不可能な課題を設定することで，集団間に共通の上位目標をもたせました（図E17-3）。水道管の破損箇所を協力して探索する課題を行ったり，協力してお金を出し合わなければ映画を見られないようにしてしまうなどです。

推移性の心理プロセスを理解していれば，なぜ前者の催しでは葛藤の解消に至らず，後者では葛藤の解消に至ったのかについて明らかでしょう。共通の上位目標を設定するとは，集団間に共通するトライアッドを形成するということです。その結果，集団間に存在する対立関係は不安定なものとなり（図E17-3①），安定的な関係へとシフ

E17

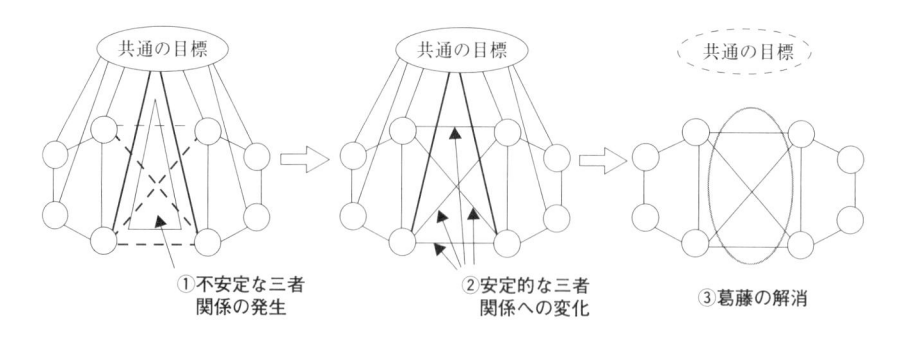

①不安定な三者関係の発生 ②安定的な三者関係への変化 ③葛藤の解消

【図E17-3】集団間葛藤の解消過程

トせざるを得なくなります（図E17-3②）。味方の味方は敵であってはならず，味方でなくてはならない，という推移性の心理プロセスがここでも働くわけです。協力的な課題達成を通じて，最終的に少年たちの関係は敵対的なものから友好的なものへと変化しました（図E17-3③）。

担当者（J）

TOPIC 15　ダイアッドのバランス

1．ダイアッドのパターン

　推移性のロジックは，3つ以上の荷重が関係するときはいつでも応用できます。3つの荷重は3人いない場合でも出てきます。たとえば，ソシオンの二者関係には4つの荷重が関係しますから，二者関係（ダイアッド）も推移性のロジックで説明することができます。

　相思相愛だったり，片思いだったり，けんかしていたりと，二者関係にはさまざまな結びつき方があります。A，Bの二者関係において，荷重W_{ab}，W_{ba}が二者間を還流し，関係ラインを結ぶ役割を担います。さらにソシオンは自分自身に対する荷重（自己回帰ループ）をもつので，これら自己回帰荷重をW_{aa}，W_{bb}と表しています。二者関係での相思相愛，片思い，けんかといったパターンは，これら4つの荷重値の関係から導き出すことができます。

2．自己システムとバランス

　二者関係は，2つの自己システムがカップリングした複合システム*注1 として理解できます。Aの自己システムは，W_{ab}，W_{ba}，W_{aa}の3つの荷重関係によって構成されています。同様に，Bの自己システムは，W_{ba}，W_{ab}，W_{bb}の3つの荷重関係によって構成されています。荷重は正負の分極性（荷重価）をもつので，自己システムのパターンは，PPP，PNN，NPN，NNPのバランス状態か，PPN，PNP，NPP，NNNのインバランス状態のどちらかの状態で示されます。これらのパターン状態は，EPISODE 7（☞**E7**）で説明した類型にあたります。

　英雄タイプ（PPP）の場合には，Aの自己システムが相手Bに正の荷重Pを送り，相手からPを送られて，自分自身にPが還流するという幸福なパターン

---

*注1　システム論のカップリングについては，巻末の「文献案内」を参照。

【表T15-1】自己システムのバランスとインバランス

バランス状態

パターン名	W_{ab}	W_{ba}	W_{aa}
PPP（英雄）	私はあなたが好き	あなたは私が好き	私は私が好き
PNN（片思い）	私はあなたが好き	あなたは私が嫌い	私は私が嫌い
NPN（道化）	私はあなたが嫌い	あなたは私が好き	私は私が嫌い
NNP（テロリスト）	私はあなたが嫌い	あなたは私が嫌い	私は私が好き

インバランス状態

パターン名	W_{ab}	W_{ba}	W_{aa}
PPN（牧師）	私はあなたが好き	あなたは私が好き	私は私が嫌い
PNP（聖なる愚者）	私はあなたが好き	あなたは私が嫌い	私は私が好き
NPP（スパイ）	私はあなたが嫌い	あなたは私が好き	私は私が好き
NNN（ニヒリスト）	私はあなたが嫌い	あなたは私が嫌い	私は私が嫌い

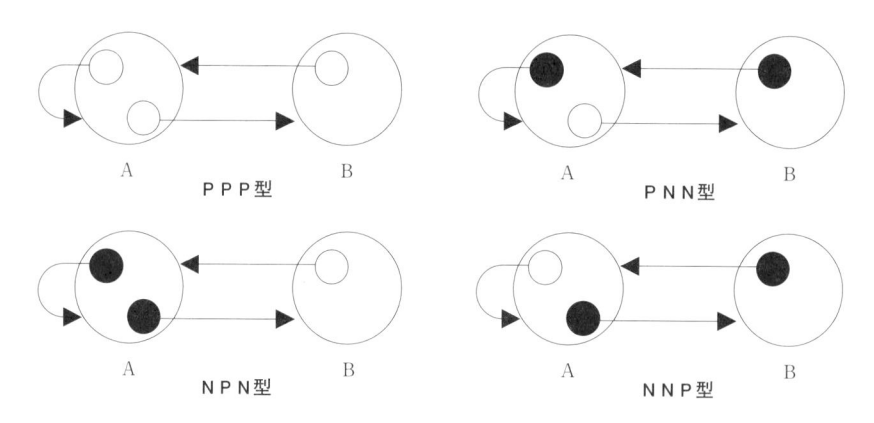

【図T15-1】いずれも安定的な，バランスのとれた自己システム

を示します。テロリストタイプ（NNP）のときには，相手に負の荷重Nを送り，相手からNを送られるという敵対的関係であり，自分は正しいという正義の感覚（自己回帰するP）をもつといえるでしょう。PPP，NNPはいずれもギブ・アンド・テイクの関係であり，その条件は荷重ⅢがPであること，となります。

片思いタイプ（PNN）の場合，Aは相手BにPを送るけれど，相手からは

Nが返ってくる関係になります。また道化タイプ（NPN）の場合，Aは相手BにNを送るけれど，相手からはPが返ってくる関係になります。片思いタイプと道化タイプは，非対称的な一方的関係です。この2つの関係では好意を受け取ったら好意を返す，あるいは敵意を受け取ったら敵意を返す，という返報性のルールが成り立っていません。

じつは，Aの荷重IIIがNのときには返報性が成り立たず，一方向的な関係がバランス状態となって安定するのです。マゾヒスティックな関係，あるいはサディスティックな関係は，一定の条件の下では合理的に成立するものといえます。

3．ダイアッドの二層構造

ところで，ソシオンのダイアッドを正確に記述するためには，もう1段階議論を複雑化する必要があります。W_{ab}，W_{ba}，W_{aa}，W_{bb}という4つの荷重は，AとBがオブジェクティブ（客観的）に出会うリアリティの位相（AとBのCモード）ではなく，AもしくはBがサブジェクティブ（主観的，Pモード）に畳み込んだ構成物なのです。Aの主観的リアリティ領域（AのPモード）に写像されたW_{ab}，W_{ba}，W_{aa}，W_{bb}と，Bの主観的リアリティ領域（BのPモード）に写像されたW_{ab}，W_{ba}，W_{aa}，W_{bb}は，必ずしも常に一致するとは限りません。しばしば，間違って予期された荷重が他者に投影されたり，他者の行為から間違った荷重が取り込まれたりしてしまいます。すれ違いや誤解は，ソシオンの二層構造に由来する必然なのです（☞ **E6**）。

したがって，ダイアッドのバランス／インバランスも，各Pモード内での状態を表すものとして理解する必要があります。そうすると，AのPモードではPPPでバランス状態を達成しているけれど，BのPモードではPPNのインバランス状態で，変化の予兆が胎動しつつある，ということもあることがわかるでしょう。

担当者（W）

EPISODE 18 個人的な感情と社会的な感情

1. 自我の発生と社会的感情

　感情には大きく分けて**基本感情**と**社会的感情**の2種類があります。基本感情というのは生得的に，もしくは発達初期の段階で獲得される感情をさし，喜びや悲しみ，怒り，驚きなどがあげられます。また基本感情は文化圏にかかわらず存在するというのも特徴です。基本感情がいくつあるのかについては議論が分かれるところですが，喜怒哀楽という言葉にも表されているように，大まかには数種類の感情があるとされています。それに対して，社会的感情とは，ある程度の発達段階を経たうえで獲得される感情で，特に自己と深いかかわりをもつ感情をさします。たとえば，恥じらいやねたみ，尊敬の念など自己と他者とのかかわりのなかで生起する感情をさします。社会的感情は**自己と他者の状態を比較する**ことによって生起する感情です。比較するためには自己や他者を客観的にとらえるという能力が必要になりますから，ある程度の発達段階を経なければ社会的感情は獲得されないということができます。

　まず「恥じる」という感情が生まれるためには，「自分自身を客観的にながめる」という心理的能力が必要です。いわゆる「自己意識」とか「自我の芽生え」などと呼ばれるもので，人間以外の動物に自己意識があるのかどうかについては，まだはっき

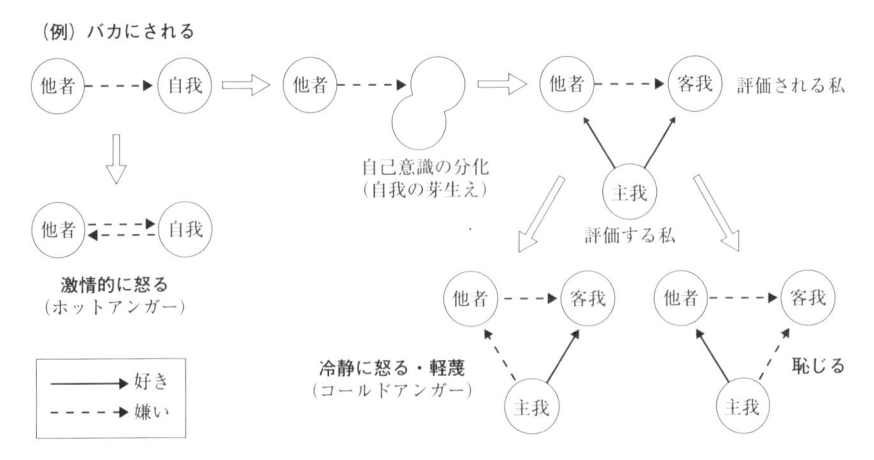

【図E18-1】自己意識の形成と社会的感情

りとはしていませんが，ヒトの場合には2，3歳になれば自我が芽生えてくるといわれています。

2．共感と反感（三項関係の感情）

　自己意識と「恥」という感情は図E18-1に示されているように，基本的には三項関係（トライアッド）の推移性に基づいたものであることがわかります。ここでは「自己」「他者」「イシュー（☞**T20**）」の三項関係から成り立つその他の社会的感情について分類してみます（図E18-2）。(a)の**共感的喜び**とは，好きな人の成功を喜ぶ感情です。たとえば，友人の試験合格をうれしく思うなどがあげられます。それとは逆に**共感的悲しみ**とは，好きな人の失敗を悲しむ感情であり，たとえば，友人の失恋に同情し自分までも悲しくなるといった例があげられるでしょう。これら2つの感情は，自己→イシュー，他者→イシューともに感情内容が同じですから**共感**と呼びます。次に，(c)の**嫉妬**は，嫌いな人の成功を残念に思う感情であり，たとえば，ライバルに先を越されて悔しいなどがあげられます。(d)の**シャーデンフロイデ**とは，

(a) 共感的喜び　　　(b) 共感的悲しみ

(c) 嫉妬　　　(d) シャーデンフロイデ

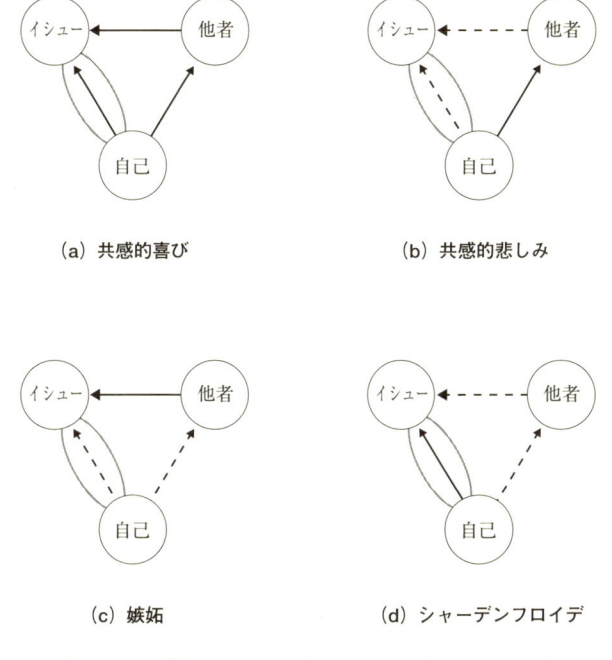

【図E18-2】社会的感情（三項関係感情）の4タイプ

聞き慣れない言葉ですが，嫌いな人の失敗を喜ぶ感情であり，たとえば他人の失敗を「ざまあみろ」と思うということがあげられるでしょう。後述の2つについては一般的な用語ではありませんが，ここでは「共感」に対して「**反感**」と名づけておきます。

3．共感的な羞恥心（複合的な三項関係の感情）

最後に，もう少し複雑な社会的感情をみてみましょう。私たちは，自分がバカなことをしてしまって恥ずかしいと感じるだけでなく，「他者」がバカなことをしているのにもかかわらず，「自分」が恥ずかしいと感じてしまうことがあります。たとえば，結婚式などで誰かが笑えないジョークなんかを言ったときに，そういう恥ずかしさを経験したことはありませんか？　TVの主人公がバカなことをして自分も恥ずかしくなる（「見てられない！」），という経験もあるでしょう。

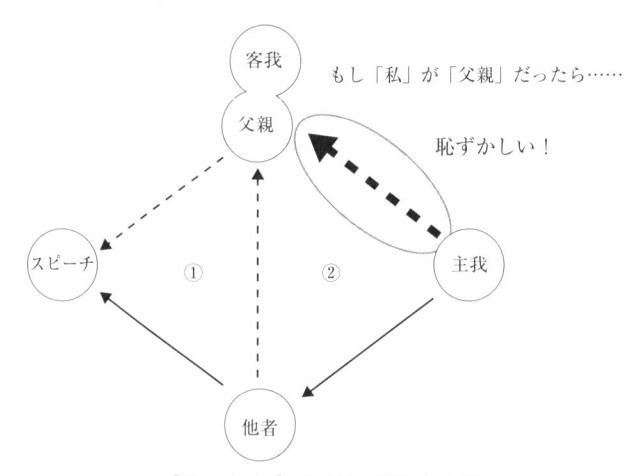

【図E18-3】共感的な羞恥心の例

図E18-3には共感的な羞恥心の例として，結婚式などのスピーチに失敗した父親を自分が恥ずかしく思うという場面を，ソシオグラムで示しています。①のトライアッドは，スピーチを失敗した父親が他者から冷たい視線を浴びている構図が描かれています。②のトライアッドでは，父親と自分の姿を重ね合わせることで，冷たい視線をまるで自分が浴びているような，いたたまれない気持ち（**共感的羞恥心**）が発生していることを示しています。

担当者（J）

§5　心と社会の2つのモード

五蘊皆空
度一切苦厄
舎利子
色不異空
空不異色
色即是空
空即是色
受想行識亦復如是

　　　　　　般若心経

TOPIC 16 ソシオグラムと2つのモード

1．ソシオメトリー

　社会学者で精神医学者でもあったモレノ（Moreno, J. L.）は，人間関係の測定法として「ソシオメトリー」というものを開発しました。その技法の1つ，ソシオメトリックテストと呼ばれるものはとても単純で，一人ひとりにまわりの人が好きか嫌いかを尋ねていくというものです。このテストを適用することで，たとえば学級集団のなかで人気者は誰であるのか，嫌われ者は誰であるのか，またもう少し詳しく見れば，AさんはBさんを好きなのに，BさんはAさんのことがあまり好きでないというような，片思い的な関係などについても明らかにすることができます。図T16-1はそれぞれの人への質問から得られた「好き嫌い」の関係を図として示したもので，モレノはこの表示法を**ソシオグラム**と呼んでいます。

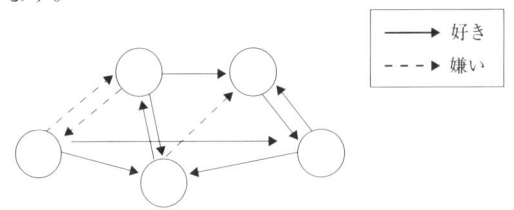

【図T16-1】モレノのソシオグラム

2．ソシオメトリーからはわからないこと

　ソシオメトリーは集団のまとまり具合やその他の特徴を描き出すのにたいへん有効な手法ですが，人間関係をより詳しく検討するためにはもの足りない部分もあります。たとえば，実際にはAさんはBさんのことを好きにもかかわらず，BさんはAさんから嫌われていると**思い込んでいる**（＝認識している，畳み込んでいる）かもしれません。また，BさんとCさんは嫌い合っていても，AさんはBさんとCさんは仲良しであると認識しているかもしれません。想いを寄せる「あの人」が「私」を好いてくれているという確信がもてないから

「好きです」と告白することが難しいのです。好いてくれているとわかっていれば人間関係なんて楽なものです。このようにモレノが考えたソシオメトリーからでは，実際に好かれているかどうかしかわからず，それぞれの人がちゃんと好いてもらっていると感じているかどうか，といったことがとらえきれていないのです。

さて，ソシオグラムではどのようなタイプの人間関係がとらえきれないかについて，表T16-1にまとめました。ソシオン理論の観点から人間関係をながめると，単純な「好き嫌い」の関係も4つに分類できることがわかります。他者から好かれて（嫌われて）いることを正しく認識できている（A）と（D）のタイプがまずあげられます。他者から実際には嫌われているのに自分では好かれていると思い込んでいるタイプ（B）は，自分によほどの自信があるのかもしれません。同様に，好かれているのに自分では嫌われていると思い込んでいるタイプの人（C）は，自分に自信のない人だととらえることができます。

【表T16-1】 ソシオメトリーによってとらえられる関係（白の部分）ととらえられない関係（灰色の部分）

		実際に…	
		好かれている	嫌われている
頭の中では…	好かれている	(A) 幸せな人	(B) おめでたい人
	嫌われている	(C) 自信のない人	(D) 不幸な人

3．ソシオグラムの完全版

以上のような考えを含めてソシオグラムを書き直してみましょう。AさんやBさん，Cさんも含めて全員が考えているそれぞれの人間関係は異なるはずです。だから，それぞれの頭の中（円の中）にそれぞれの人が考える人間関係を書き込みます（図T16-2）。

モレノのソシオグラムでは「好き」を実線，「嫌い」を点線の矢印で表していましたが，ソシオン理論ではそれぞれを白丸と黒丸で表します。図T16-2のソシオグラムを見てみましょう。CさんからBさんに向かってのびている好意の荷重はBさんの内部で白丸となっています。これは「Bさんが『Cさんに好かれている』と認識している」（そして実際に好かれている）」ということを

T16

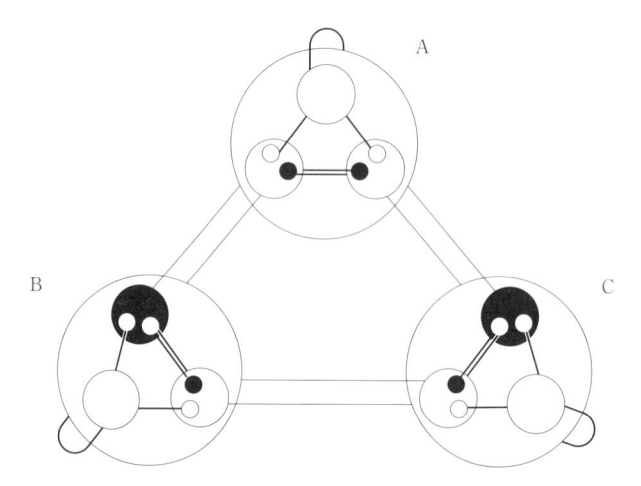

【図T16-2】ソシオン理論のソシオグラム（三者関係の例）

表しています。同様に，BさんからCさんへの荷重もまた白丸で，Cさんの内部でもそのとおり受け取られていますから，BさんとCさんは互いに好き合っている，仲良しな2人であるということがわかります。問題はAさんです。Aさんの内部にあるBさんとCさんのそれぞれには互いに黒丸が記されています。これは，「Aさんが『BさんとCさんは互いに嫌い合っている』と認識している」ということを表しているのです。Aさんはこの点において，BさんとCさんの人間関係を正しく認識できていない，ということをこの図は示しています（詳しくは☞**T18**）。

　モレノのソシオグラムから比べると，ソシオンのソシオグラムはとても複雑なものになってしまいましたが，実際には，複雑な人間関係をとらえるためには"最低でも"これぐらいの複雑さを考える必要があるのだ，と言い換えることができるでしょう。

担当者（J）

TOPIC 17　ソシオマトリックスから ソシオキューブへ

1．ソシオマトリックス

　モレノ（Moreno, J. L.）のソシオグラムは，グループの人間関係がどうなっているかを直感的に把握する方法としてたいへん有用なものです。しかしながらグループの人数が多い場合には，それぞれの個人から引かなければならない矢印や線の数が増えてしまい，煩雑なものになってしまいます。その結果，結局いちばん好かれているのは誰なのか，片思いが多く矛盾した思いをいだいているのは誰なのか，といったことが判別しにくくなります。モレノはそれらの問題を解決する方法として表を用いることを提案しています。この表を**ソシオマトリックス**といいます。表T17-1は先述のソシオグラムをソシオマトリックスへと書き改めたものです。ソシオマトリックスへと書き直すことで，好き嫌いなどの思いの強さ（荷重量）を数値化したり，その数値を合計したりすることで，人間関係を定量的に分析することが可能になります。TOPIC 6（☞ **T6**）でも論じたように，AのBに対する荷重はW_{ab}と表記します。表T17-1のマトリックスではW_{ab}の値は-1となっています。ここで斜線をはさんで鏡写しのセルに入っているW_{ba}（BのAに対する思い）に目を移すとやはり-1という値が入っていることがわかります。その結果，私たちはこの表から「AとBは嫌い合っているのだな」ということを読み取ることができるわけです。その他にも，それぞれの合計値が記されているように，たとえばC列の合計を見ると+3という値になっていることから，Cさんは人気者であることがわか

【表T17-1】ソシオマトリックス

…が	…を					合計
		A	B	C	D	E	
	A		-1	+1		+1	+1
	B	-1		+1	+1		+1
	C	+1				-1	0
	D			+1		+1	+2
	E				+1		+1
合計		0	-1	+3	+2	+1	+5

りますし，同様に，Bさんはみんなからあまり相手にされていない人だということがわかります。

2．ソシオキューブ

さて，ここで賢明な読者であれば，表T17-1のソシオマトリックスには忘れ物があることに気づくはずです。TOPIC 2 とTOPIC16（☞**T2・T16**）でも述べたように，それぞれの個人が頭の中に思い描いている人間関係は違っているはずでした。言い換えれば，集団メンバーの一人ひとりが頭の中に1枚のソシオマトリックスをもっていると考えなければなりません。集団全体のことについてよく考えてみると，じつはその人数分のソシオマトリックスがあるはずなのです。たとえば4人グループの場合，その一人ひとりがソシオマトリックスを1枚もっているはずですから，合計4枚のソシオマトリックスが集められると考えられます[*注1]。その4枚のソシオマトリックスを重ねて立方体状に構成したものを，**ソシオキューブ**と呼ぶことにします（図T17-1）。

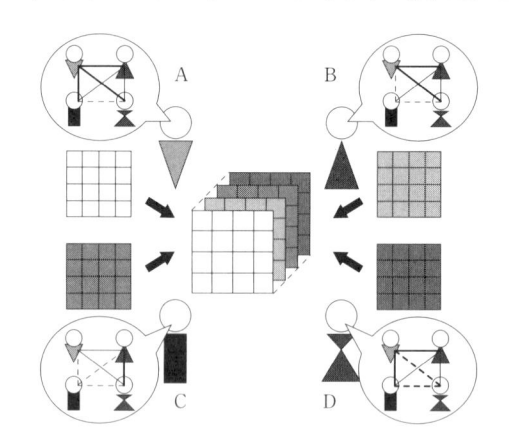

【図T17-1】ソシオキューブの概念図

図を見てもわかるように，たった4人からなる集団の人間関係でも$4^3=64$の荷重を考えなければいけません。5人集団では$5^3=125$，6人集団では$6^3=216$とその数は爆発的に増えていくのです。私たちがふだんの生活でこれほど多く

[*注1] 統計用語では，このようなマトリックスを二相三元データ（2-mode 3-way data）と呼びます。

の人間関係について考えたり，認識したりしているということは，改めて考えると驚くべきことです。しかしながら，これほど多くの人間関係に囲まれているからこそ，いつの時代も人間の悩みの種ナンバーワンは人間関係なのかもしれません（私たちの日常会話において，人間関係についての話題がどれほどの割合を占めているかについて思い出してみましょう！）。

3．家族の空間

　家族（集団）はソシオキューブを理解するときのよい例となります。ここでは，図T17-1のソシオキューブが父親・母親・息子・娘の4人からなる家族についてのものであるとして見ていくことにしましょう。小さなソシオキューブに数字を書き込むことはできないので，図T17-1では家族の各メンバーが認識する人間関係について「ふきだし」を使って描かれています。また荷重の強さについては線の太さで表されています。たとえば，父親（A）は「私はみんなのことを思いやっており，またみんなも私を思ってくれている。しかし息子（C）と娘（D）の仲があまりよくないようだ」という家族像をもっているようです。しかしながら当の息子は，妹（娘）との関係はそれほど深刻にとらえているわけではなく，むしろ（反抗期なのか）両親のことをあまり快く思っていないようです。同様に母親（B）が描く家族像や娘が描く家族像についても，それぞれが少しずつ異なっていることがわかります。このように家族メンバーのもつそれぞれの家族イメージは異なるのであり，このズレを修正する試みが，コミュニケーションなのです。

担当者（J）

EPISODE 19 家族における境界のズレ

1．家族の条件

　ここでは集団の境界をより深く理解するにあたって，比較的境界がはっきりしていると思われる「家族（集団）」を例にとって考えてみましょう。

　まず，あなたの家族のメンバーを思いつくままあげてみてください。すぐに「お父さん」や「お母さん」，「兄弟姉妹」などをあげることだろうと思います。「おじいさん」や「おばあさん」はどうでしょうか？　確かにいっしょに住んでいれば家族だということができるでしょう。では，いっしょに住んでいなければ家族ではないのでしょうか？　でもそうすると，単身赴任しているお父さんは家族ではなくなってしまいます。

　家族とは近い血縁であること，と定義すればよいようにも思えます。それでは大切に飼っているペットについてはどうでしょう？　よく家の表札にペットの名前も含めている家庭を見かけます。愛好家にとって，ペットは家族の一員なのです。家族は「血のつながりがある」とか「いっしょに住んでいる」といった，ハッキリとした基準があるだけにその境界がわかりやすい部類に入りますが，こう考えてくると誰が家族のメンバーで誰がメンバーでないのかということを決めるのは，なかなか難しい問題であることがわかると思います。

2．境界のズレ

　一般的な家族では，その境界ははっきりとしているので，それが何か問題を引き起こすわけではありません。しかしながら，これまで見たように家族の境界とはあいまいな部分も含んでいるわけですから，食い違うことがまれにあります。これは家族メンバーのそれぞれが「誰」を家族成員として認めているのか（**家族認知**）ということです。この家族認知が，問題を抱えている家族にとって大きな要因となっていることがあります。

　たとえば，連れ子のいるペアの再婚によってできた家族について考えてみましょう。これらの家族では，よく連れ子である子どもが，新しいお母さん（お父さん）である人に対して「お母さん」という言葉を使うことをためらったり，拒否したりします。子どもにとっての家族の境界は，その人を除いたところに存在しているのであり，お父さんがその人と結婚したからといって，簡単には家族認知を変更することはできな

いからです（図E19-1）。新しいお母さんが「私たちは家族なんだから……」と言ったところで反発されるのがオチでしょう。

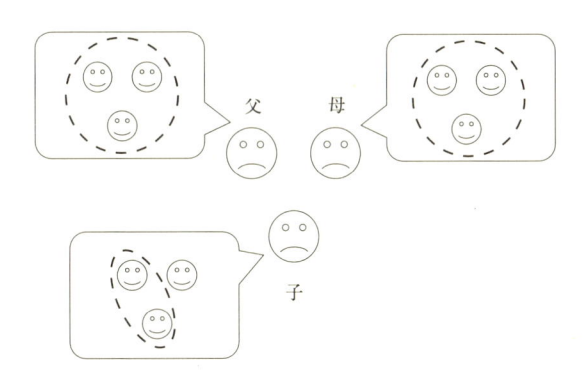

【図E19-1】家族における境界のズレ

　逆に，新しいお母さんが子どもから「お母さん」と呼んでもらえないことに，一抹の寂しさを覚えることは，子どもから「家族である」と認めてもらえていないという現実を突きつけられているからだ，ととらえることができます。この例を見てもわかるように，集団にとってその境界をはっきりとさせることは，集団が存続していくうえでとても重要な問題なのです。

3．境界の再設定
　それでは家族の境界が食い違う場合，そのままにしておくことができるでしょうか？　やはりそのお母さんと子どもはお互いに悩むことだろうと思います。子どもは「お母さんって呼ばなかったら，すごく悲しそうな顔をしていたな」とか，お母さんは「どうすれば『お母さん』と呼んでもらえるだろう」というように，何とか新しい共通の家族の境界を作り出そうとするはずです。いっしょに暮らしていく以上，「私たちの関係はこうである」という納得がほしくなるのが人の心理というものです。
　この悩みを解決する方法は2通りあります。
　1つめは図E19-2（a）に示されているように，母親自身が子どもの立場を尊重し，今はまだ家族のメンバーとして不十分であることを伝えることです。「今はまだ無理だと思うけど，私もがんばるからいつかお母さんって呼んでね」と伝えることで，子どもとの間に共通の境界が設定されることになります。2つめは（b）にも示されているように，新しいお母さんが素直に家族メンバー（母親）であると認められることです。（a）のシナリオは少し悲しい結末ですが，以前の葛藤があった状態に比べて

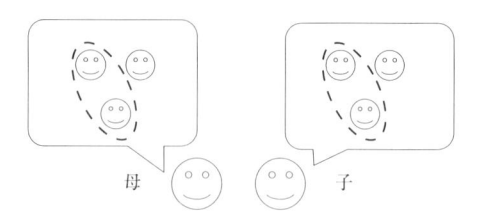

(a) いつか「お母さん」って呼んでね

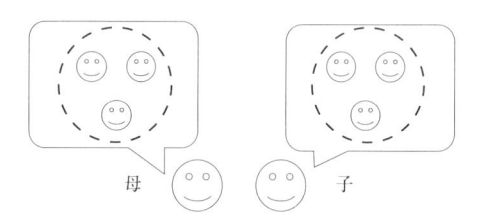

(b) これからは「お母さん」って呼ぶよ

【図E19-2】2通りの境界の再設定

スッキリとした気持ちになることに注意してください。家族が1つにまとまった単体（集団）として存続していくためには，各メンバーの共通見解に基づいた境界をもつことが，何よりも重要なことなのです。

担当者（J）

TOPIC 18 2つのモードの表記法

1．2つのモードを表してみよう

　人間関係はPモードとCモードという，2つのモード（二層）からなることはすでに紹介しましたが，これらはどのように表せばいいでしょうか。図と記号の両方から考えてみましょう。

　まず，比較的簡単な記号のほうから話を進めます。

　TOPIC 6（☞ T6）で，aのbに対する荷重をW_{ab}と表すことにしました。これはPモードとCモードの区別のない表現です。Pモードのことを意識すると，それは誰の頭のなかにある「aのbに対する荷重」なのか，ということが重要になってきます。ソシオンaが考えるものでしょうか？　それともソシオンbから見たもの（あの人はワタシのことを，こう思っているんだろう）でしょうか？　それとも，第三者のソシオンcが，「aはきっとbのことが好きなんだろうな」と思っていることなのでしょうか？

　これらを区別するために，記号W_{ab}を括弧でくくって，考えている人＝行為主体を表す記号を前につけ，$a(W_{ab})$というようにします。こうすれば，誰の頭の中にあるWeightか，ということがよくわかりますね。

2．2つのモードを図に描いてみよう

　では，図（ソシオグラム）ではどのように表せばよいでしょうか。

　Pモードは自分の心のなかにある，社会のネットワークを映したものです。ですから，全体と同じような形がワタシの小さな円のなかにも入っている，ということになります。

　二者関係でこれを表したのが，図T18-1です。

　左右の大きな円が，それぞれソシオンA，ソシオンBを表しています。この円の内側は，それぞれAとBのPモードを表しています。Pモード内に，大きめの円が2つ入っていますが，これらはそれぞれ，ソシオンAのPモードにあ

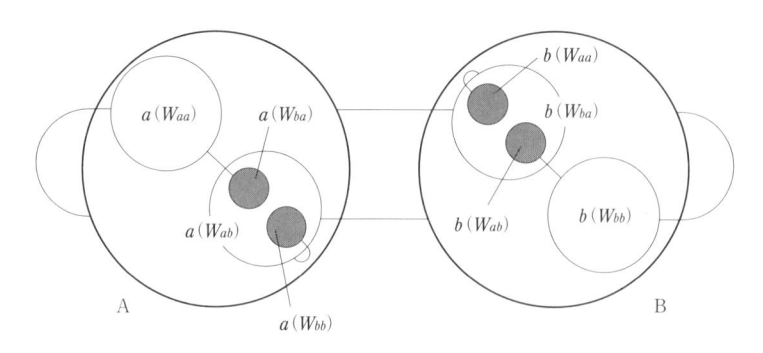

【図T18-1】 二層二者関係のソシオグラム

るAの像，Bの像なのです。ソシオンAの考えるA自身のこととは，$a(W_{aa})$ ですが，これは嘘偽りのない自分の自己イメージですので，1つの円だけで表現できています*注1。複雑になっているのは，ソシオンAが考えるソシオンB，すなわち$a(W_{ab})$ です。これの内部はaの考えるb，つまり「bはb自身のことをどう思っているんだろう（$a(W_{bb})$）」ということと，「bはワタシaのことをどう思っているんだろう（$a(W_{ba})$）」という考えからなります。

Bの中身はAの中身の記号が変わっただけのものです。

3．三者関係を図に描いてみよう

二層の三者関係はもっと複雑です。これを表したのが図T18-2です。

これをみて，ああややこしい，面倒だ，と思うかもしれませんが，私たちはふだんから，「あの人は，あの子のことが好きらしいよ」なんてうわさ話をしたりします。これはそれぞれの頭のなかに，図のような二層の情報が入っていないとできないことなのです。

そしてもちろん私たちは，人間関係が複雑で悩ましいものだと思っています。それはこの図にあるように，たった3人でもさまざまな荷重が絡み合っているからなのです。

---

*注1　ワタシの考えるワタシ，の考えるワタシ，の考える……と思考はどこまでも続けていけますが，ソシオンではこれを二重で止めます。詳しくはEPISODE20を参照（☞ **E20**）。

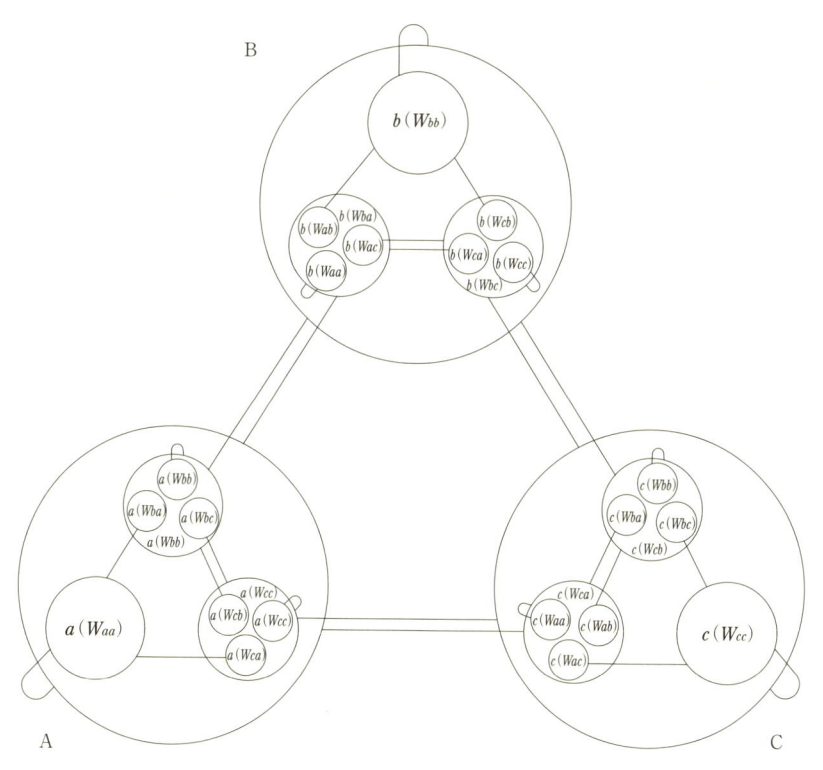

【図T18-2】 二層三者関係のソシオグラム

担当者（K）

EPISODE 20 龍の考える麒麟

1．帽子の色あてクイズ

1つクイズを出します。

図E20-1のような，壁で仕切られた階段状になっている部屋があったとします。そこに4人の人間がいて，それぞれ赤か白の帽子をかぶせられています。さて，この部屋で，「帽子は赤が2つと白が2ある。それをそれぞれみんなにかぶせるが，手にとって見ることなく自分の帽子の色を当ててみなさい。わかったら『ハイ！』と言って手を挙げること」と言われたとすると，誰が正解するでしょうか？

ポイントは，
- 壁の向こうは見えない。
- 階段で下の段に座っている人の帽子の色は見えている。
- みんな部屋の仕組みはわかっている。つまり，B～Dは壁の向こうにAがいることを知っているし，Bは自分の帽子の色をCやDが見ていることもわかっている。
- 帽子が赤と白，2つずつであることもわかっている。
- 当てずっぽうで答えるわけではない。わかる人は，確信をもってわかる。

ということです。

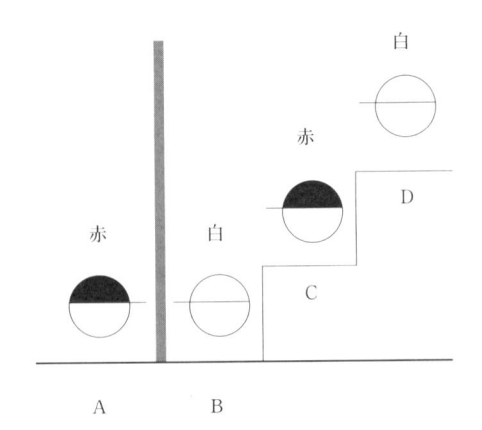

【図E20-1】誰が帽子の色を当てられる？

2．心の階層性

　この問題，正解はCです。

　どうしてそうなるのか，説明しましょう。まず，AやBは絶望的です。目の前に壁しかありませんので，他の人の帽子を推測しようがないのです。では，情報が一番多いDがわかるのでしょうか？　いいえ，DはBとCの帽子の色が違っているので，戸惑います。全部で赤2，白2ですから，1つずつ減っても，自分の帽子の色が赤である可能性も白である可能性も，50％ずつ残っています。

　Cが有利なのは，Dがわからないことがわかるからです。BとCが同じ色であれば，Dは即座に手を挙げて自分の色を答えるでしょう。たとえば，BとCがともに白であれば，Dの色は赤である可能性が100％になるからです。そのDが答えないということは，BとCの帽子の色が違うということ。これにCが気づけば答えは簡単です。Bの色と違う色を言えばよいのです。

　この問題のポイントは，Cは「Dがわからない。悩んでいる」ことがわかる，ということです。このように，「Cの考えるD」という**階層性**があること，これが心の特徴なのです。

3．龍の考える麒麟

　階層性は，やろうと思えばどこまでもたどることができます。「ワタシは，カレがカノジョのことを嫌いだということをアナタは知っている，と思っている」という表現もできるぐらいです。ワタシの知っているアナタの知っているカレの知っているカノジョの知っている……とどこまでいってもキリがありません。

　でも，「ワタシの考えるアナタの考えるカレ」＝「ワタシの考えるカレ」といえるのではないでしょうか？　ソシオンでは，「ワタシの龍の考える麒麟は，ワタシの考える麒麟である」といってこの無限後退をとめることにしています。

担当者（K）

TOPIC 19 二層二者関係と荷重バランス

1. 自信をなくしている状態

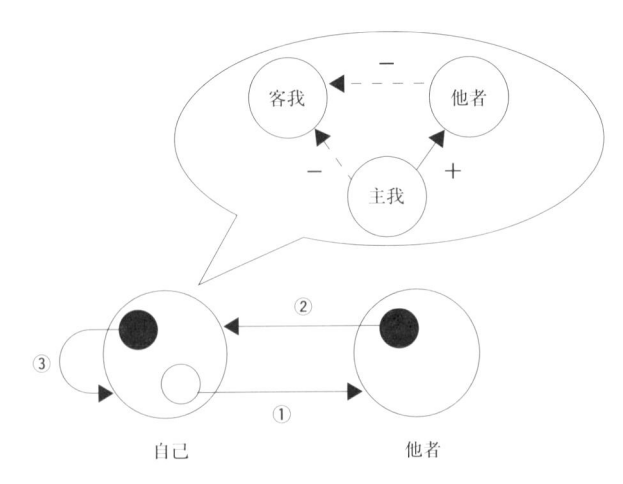

　ここでは2つのモードと荷重Ⅰ・Ⅱ・Ⅲそれぞれの力学について見ていくことにします。話を具体的なものとするために，ある人がカウンセリングによって自信（荷重Ⅲ）を回復する過程を用いることにしましょう。私たちはどのようなときに自信を失うのでしょうか？　一般的には，うまくいくと思っていたことがうまくいかなかったとき，あるいは恋人にふられてしまったり，信頼していた人から裏切られた場合などがあげられると思います。図T19-1は，そのような過程を二者関係のソシオグラムで示しています。図の荷重関係を番号順に見ていくと，私は①相手に好きだと告白したが，②断られてしまったので，③自分はダメなやつで価値のない人間だ，と考えてしまう心理プロセスが描かれていることがわかります。この荷重力学はふきだし図でも表現することができます。TOPIC12やTOPIC15（☞ **T12**・**T15**）でも議論したように，①好き（＋）な人に，②嫌い（−）だと言われたことに対して，荷重バランスをとる

【図T19-1】荷重Ⅰ・Ⅱ・Ⅲのバランス過程

ためには，③自己を嫌い（−）だと結論づけるしかないというわけです。

2．荷重バランスとカウンセリング過程

さて自信を喪失してしまった人が自信を取り戻そうとカウンセリングを受けに来たとしましょう。この場面でのカウンセリングの成功とは「クライエントが自信を取り戻すこと」としておきます（カウンセラーの役割はその他にもたくさんあるからです）。「人に自信を取り戻させる」という作業が単純なようで非常に難しいという理由の1つは，すでに図T19-1のなかに表されています。その理由とは，クライエントの心のなかでは「好きな人から嫌われた自分などは価値がない（＋）×（−）→（−）」という荷重バランスが成立しているからです。自分に対して負の荷重をもっているのは望ましくないとはいえ，荷重バランスから考えると1つの安定状態であることが原因です。

ラポール（信頼）の形成

ひどく自信喪失をしている人は相手を信頼することができません。図T19-2(a)にも示されているように，クライエントの認識レベルでは「私を好いてくれるはずがない」という予期が働いてしまうからです。カウンセラーはとにかく相手を受容し続けることで，クライエントの信頼を得ることが必要です（ラポールの形成）。

クライエントの心の動揺

クライエントがカウンセラーの信頼を受け入れたとしても安心はできません。自信はまだ回復していないからです。図T19-2(b)ではクライエントがカウンセラーの信頼を正しく受け入れた過程が示されています。その結果，クライエントの認識レベル（＝Pモード）では，荷重バランスが不安定になってしまいます。クライエントは新たなバランス状態を達成しなければなりません。ここでは「クライエントの自信喪失の強固さ」と「カウンセラーとの信頼関係の強固さ」の力勝負になります。ラポールの形成が不完全な場合，カウンセラーに対する不信感が生まれたり，クライエントが診療拒否という手段にでる可能性もあります（図T19-2(c')）。これがカウンセリングにおいて「ラポールの形成」が重要視される理由です。

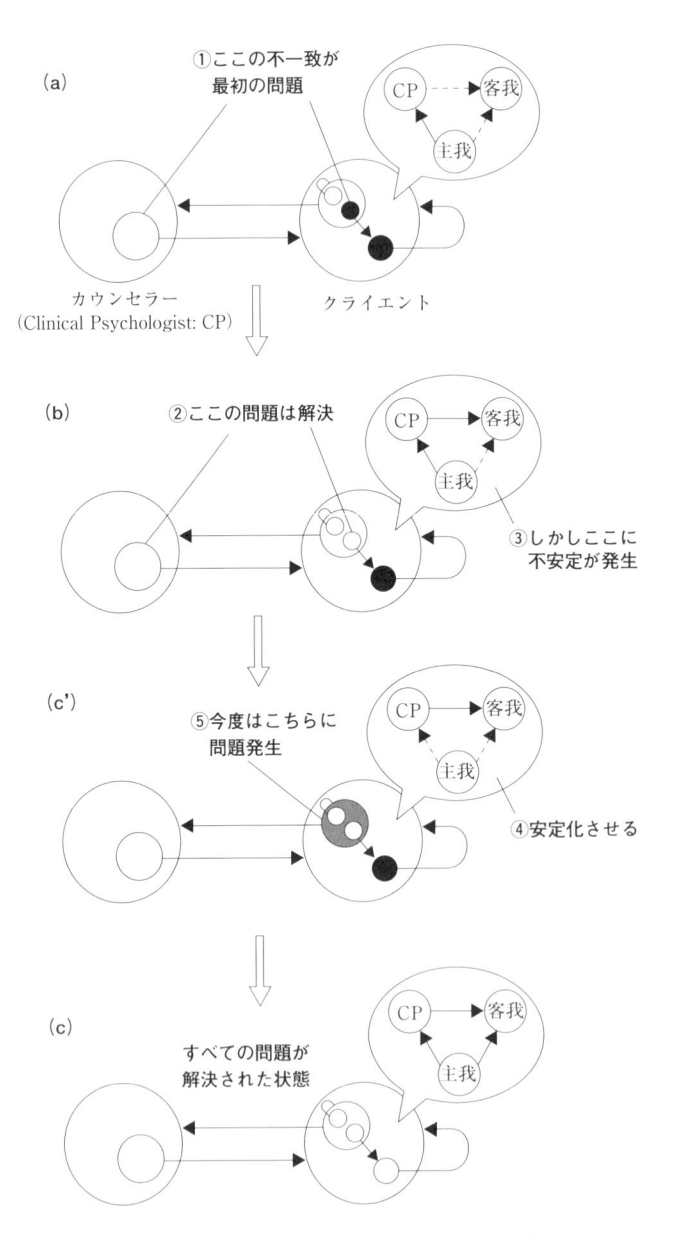

【図T19-2】 カウンセリングにおける荷重の移り変わり

自信の回復

　カウンセラーの受容態度がクライエントに十分に伝わり，強固な信頼関係が構築されていると，クライエントは「信頼している人から信頼されている自分という存在」に気づき，自分自身を「信頼に値する人物である」という認識を再形成するに至ります（自信の回復）。カウンセリング過程をソシオン理論から見た場合における重要なポイントは，カウンセラーができることは荷重Ⅱを通じて，クライエントのＰモードの荷重バランスに影響を与えることだけであって，最終的にはクライエントの自己回復力によってポジティブな荷重Ⅲを取り戻してもらわなければならないという点です。カウンセラーはクライエントのＰモードに直接的には働きかけられないのであって，「カウンセリングを受ければ悩みは消失してしまう」といった万能薬でないことも理解できると思います。

担当者（Ｊ）

EPISODE 21 カウンセラーは転移を知っている

1．荷重を失うこと

　両親や恋人など，重要な他者を喪失することは非常につらいことです。胸にぽっかりと穴があき，私の一部分が失われてしまったような気持ちになります。このことをソシオン理論の言葉で言い換えれば，私を形作っている荷重が失われてしまったのだ，ということができるでしょう。喪失してしまった荷重を自力で取り戻すことは，非常な努力を必要とすることです。ここではTOPIC19（☞ T19）とは異なった視点から，カウンセリングの荷重力学について説明したいと思います。

　カウンセリングの過程においてカウンセラーが注意しなければいけないことは数多くあるのですが，その代表的なものとしてクライエントの「感情転移」があげられます。感情転移とは，カウンセリング過程で，クライエントがある人物（特に重要な他者）に対する感情や態度を，カウンセラーに向けることをいいます[*注1]。転移には陽性転移と陰性転移の2種類があり，陽性転移とは，クライエントがカウンセラーに過度の信頼や尊敬，情愛などを示すことをいいます。具体例としては，クライエントがカウンセラーに愛の告白をする場合などがあげられます。

　逆に，陰性転移とは，不信感や敵意，恨みなどを示すことをいいます。この例としては，厳しかった両親に対する恨みの気持ちなどをカウンセラーにぶつけたり，先ほど陽性転移の例にもあったように，クライエントの愛の告白をカウンセラーが断るとそのことに対して逆恨みをしたりする，といったことなどがあげられます。それでは転移の荷重力学はどうなっているのでしょうか。

2．カウンセラーの介入と転移

　いうまでもないことですが，重要な他者の荷重はその人にとって大きな意味をもっています。図E21-1の①にも示されているように，その大きな荷重を喪失するということは，自分の存在意義を失うことに等しいのです。しかしながら現実には，失われてしまった荷重を取り戻すことはできません。したがって自分の存在意義を取り戻すためには，失われた荷重を周囲の他者から得なくてはならないのです。みなさんも，たとえば恋人と別れてしまったときに，無性にさびしくなって友人に電話したという

---

*注1　この転移は英語でtransferenceといい，ソシオンでいう転移（transitivity）とは違うものですので，要注意。

経験はないでしょうか？　これは失われた荷重を取り戻す過程の1つだということができます。カウンセラーのクライエントに対する役割は，大げさにいえばまさにこの友人の役割，すなわち，クライエントの失われてしまった荷重を肩代わりすることなのです。

　さてここで，クライエントの立場から見れば，失われた大きな荷重を肩代わりしてくれるカウンセラーは重要な他者と同等の存在です。その結果，カウンセラーにその人の像を重ね合わせてしまい，行き過ぎた感情（荷重）をもつということになります。これが転移と呼ばれるものです。ポイントは，これはカウンセラーに対する本物の感情ではなく，重要な他者像を重ね合わせることによって形成された，いわば**偽物の感情**だという点です。カウンセラーはこのことをよく知っているので，クライエントの行き過ぎた感情にこたえることはしません。クライエントと適度な距離を保ちながら，クライエントの感情が安定するように荷重をコントロールするわけです。

①初期（介入）

重要な他者の喪失
（例）肉親，恋人，伴侶など

荷重の喪失

カウンセラー

その他の他者
（例）家族，友人など

②初期（転移）

喪失分の埋め合わせ
（陽性転移）

カウンセラー

その他の他者

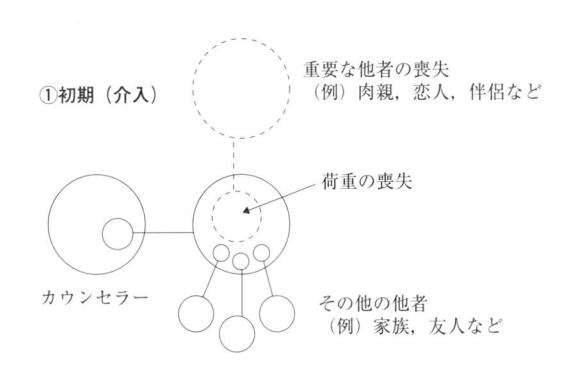

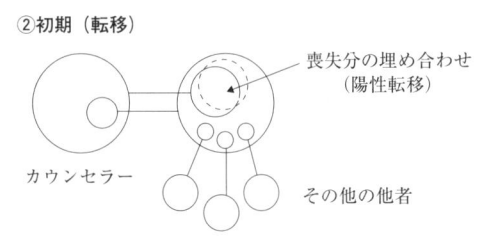

【図E21-1】荷重の喪失と転移

3．カウンセラーの役割

　カウンセリングが進んでくると，クライエントが感情転移という一時的なごまかしのような状況から抜け出し，クライエント自身の心の問題を正面から受け入れられる状況に変わってきます（その過程で症状がぶり返すこともよくあるので注意が必要です）。この段階からカウンセラーは，クライエントの荷重を肩代わり（サポート）するという役割から，クライエントが新たな人間関係を構築することを助けるという役割へと移行します。図E21-2の③にはその過程が示されています。クライエントは失われてしまった荷重を再認識し，その他の他者との新しい人間関係を構築していきます。クライエントが新たな荷重関係をしっかりと構築した段階でカウンセリングが最後の段階へと移行します。

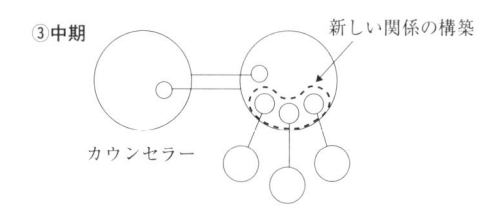

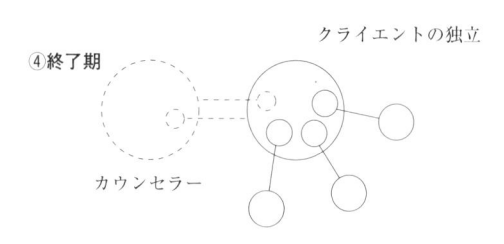

【図E21-2】カウンセリングの終了

　クライエントは，カウンセラーがいなくても独立した生活を営めなければなりません。カウンセラーはクライエントの自立のために，自らが果たす役割を徐々に小さなものにしていき，最終的には，その役割を解消してしまうという状況となってはじめてカウンセリングは終了です。

担当者（J）

EPISODE 22 カルトの心理

１．カルト

　息子や娘が怪しいカルト宗教にはまってしまったら，親はきっと心配するはずです。ところが，親がどれだけ反対しても，子どもはカルトとのかかわりをやめようとはしません。むしろ，反対すればするほど，かえってかたくなになってしまうようにみえます。親子の対話が成り立たないような状況に，いったいなぜ陥ってしまうのでしょう？

　おそらく，こういうケースはカルト問題に限らず，それなりに一般的な家族関係の問題として発生するものと考えられます。家族という密接な関係のなかで，互いの思いがすれ違って関係がこじれてしまうのです。そのメカニズムは，ソシオン理論で説明することができます。

２．入信のネットワーク・ダイナミックス

　カルト入信をめぐるネットワーク・ダイナミックスは，親・子・教祖の三者関係としてモデル化できます。ここでは，親・子・教祖のＰモードをそれぞれ区別して，３つの三者関係の複合体としての二層三者ネットワークについて考察します。

　子のＰモードでは，教祖に魅力を感じている状態で，親から教祖を批判されると，自分の尊敬する教祖をバカにする親は許せない！という反発が生まれます。尊敬する他者に対する侮辱は，たとえ家族であっても許せません。

　一方，親のＰモードでは，愛するわが子がいかがわしい教祖に本気でついていくはずがないと思っていますから，きっと子どもは悪い教祖にだまされているに違いない！洗脳だ！と考えます。したがって，教祖がいかにインチキででたらめなことを言っているか，というのをきちんとわが子に理解させることができれば，きっと子どもは教祖を見限って，家族のもとに帰ってくるだろうと考えます。

　こうして，子どものＰモードと親のＰモードは，互いにすれ違いを含んだまま，ともにトライアッドの安定パターンにはまります。子どもは親のＰモードとのズレに気づきませんから，無理解で自分勝手な親だと思っていますし，親は子どものＰモードとのズレに気づきませんから，説得すればカルトから脱会すると思っています。このようにＰモードがすれ違ったまま両者が議論を重ねると，誤解による両者の溝はいっそう深くなるでしょう。ここでは，親が反対すればするほど，子どもは親に反発し，

子のPモード　　　　　　　　　　　教祖のPモード

敬愛する教祖様を　　　　　　　　　　　　　　　　教祖である私を
嫌う親は嫌いだ　　　　　　　　　　　　　　　　　悪く言う親は
　　　　　　　　　　　　　　　　　　　　　　　　悪魔です

　　　　　　　　　子　　　　教祖

　　　　　　　　　　　　　　　　　　　Cモード

　　　　　　　　　　　　親

　　　　　　　　子　　　教祖

　　　　　　　　　　　　　　私のカワイイ子が
　　　　　　　　　　　　　　教祖にだまされている！
　　　　　　　　　　親

　　　　　　親のPモード

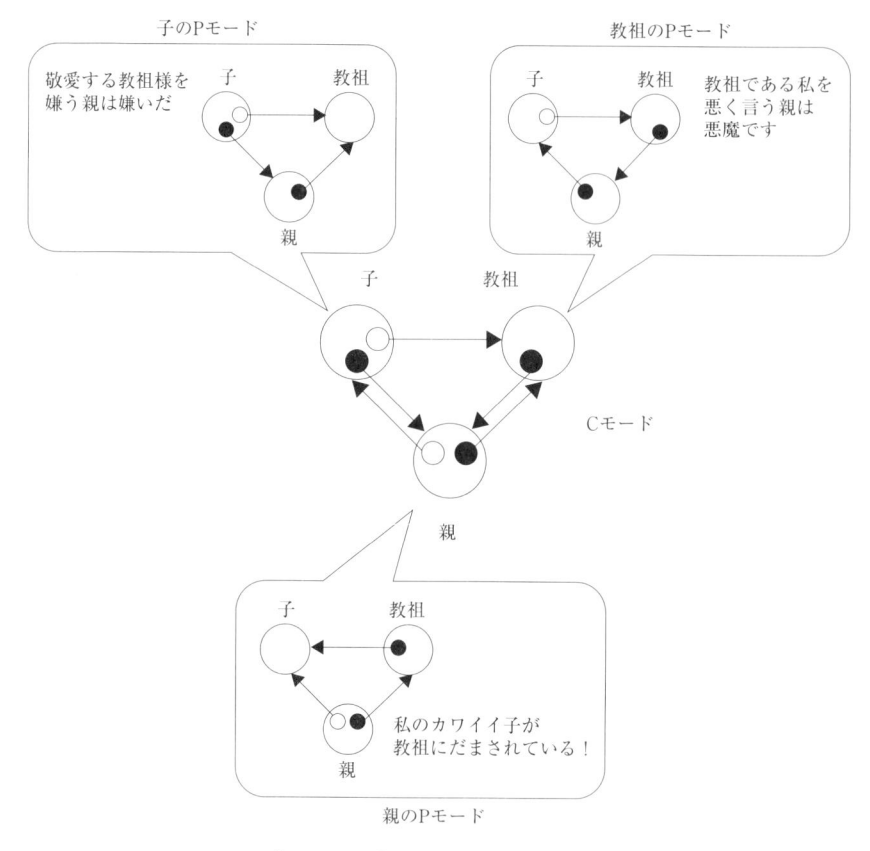

【図E22-1】カルトとの家族の戦い

その反発をテコとしていっそう教祖にひかれていく，というネットワークの動きがみられます。このように，Pモード間にズレがあるために，よかれと思ってやったことが逆効果をもたらすネットワークの動きをネットワーク反対効果といいます。

3．分岐点

　ネットワーク反対効果が構造化されると，親子の対話が成り立つのは困難になります。親が愛情をもってどれだけ語りかけても子どもは聞く耳を持ちません。また同様に，子どもがどれだけ教祖の魅力をアピールしたとしても，親は聞く耳を持ちません。いったん陥ったすれ違い状況をもとに戻すのは，そうとう大変なことです。何しろ，この状況では話せば話すほど話がこじれてしまうのですから。

最初の時点でもう少し注意すれば，ネットワーク反対効果の泥沼を回避することができたかもしれません。たとえば，初期段階で子どもが親に対する不信をそれほど抱いていないとき，教祖と親の両方に対してP，親と教祖の関係はNというトライアッドの不安定パターンの状況があったはずです。おそらく，このとき頭ごなしに親が子どもの感情を否定すると，子どもは親に対する反感を覚え，教祖への愛着に固執することになるでしょう。だから，子どものトライアッドが不安定パターンにあるときにこそ，親は子どもの話に耳を傾ける必要があったのです。そのうえで慎重に対処するかどうかが，その後の結果を左右する分岐点となるのです。

担当者（W）

§6　社会的現実とネットワーク

Though nothing can bring back
the hour of splendor in the grass, of glory in the flower,
we will grieve not.
Rather find strength in what remains behind.

草原の輝き　花の栄光
それらが再び還らずとも嘆くなかれ
その奥に秘められた力を見いだせ
　　　　　　　　　　　W.ワーズワース「草原の輝き」

　自分に対して呪いがかけられていることを意識した個人は，その所属する集団のもっとも厳粛な伝統によって自分が死を免れないことを確信し，親族や友人たちもこの確信をともにする。このときから，共同体は彼に対してその殻を閉ざす。すなわち，人々は呪われた者から身を遠ざけ，あたかも彼がすでに死んでいるばかりでなく，周囲のみなにとって災のもとであるかのように，彼に対してふるまうようになるのである。
　　　　　　　　　C.レヴィ＝ストロース「構造人類学」

TOPIC 20 イシュー・ソシオン（モノとコト）

1．ヒトではないソシオン

　これまでは，自己と他者といった**人間どうしの関係**に限って話を進めてきました。しかしながら，荷重というのは対象への情緒的評価なのですから，原理的に考えればその対象は人間でなくともよいのです。ここではヒト（人間）ではないソシオンとの社会関係について考えてみましょう。

　人間ではない対象の例として，たとえば人形があります。私が人形をかわいがるとき，私から人形に向かう荷重Ｉは存在しています。しかし，人形は感情をもたない物質ですから，人形から私への荷重は存在しません。私と人形の関係は，私から人形への一方的な荷重のみによって結ばれている点で不完全な荷重関係ですが，たとえ一方向であろうと荷重が存在する以上，私と人形の関係も社会的な関係としてとらえることができます。

　私たちは通常，モノ（物品）を社会的存在だとは考えませんが，愛したり，大切にしたりすることはあるはずです。自分の気に入っているモノ，たとえば文房具やカバンといった道具類であっても，失くしてしまうと残念な気持ちになるでしょう。ひょっとすると「これは私の生きてきた証である」といったモノもあるかもしれません。さまざまな思い出の品や形見，マイホームなど，それら大切なモノが失われてしまったときに，何か単なる道具以上の残念な想いが生じるのは，私たちがモノに対しても荷重を与えている証拠だといえるでしょう。モノが単なるモノであると割り切れなくなってしまっているとき，私にとってそのモノは社会的存在（＝ソシオン）となりはじめているのです。

2．イシュー・ソシオン（モノ・ソシオン）

　主体としてのソシオンどうしのコミュニケーションは，双方向的関係を形成します。しかし，一方向的な関係を結ぶソシオン的ユニットもネットワークに組み込まれることがあります。モノへの愛着は，私からモノへの一方的な関係

を表します。たとえば，私がどれだけ人形に愛情を注いでも，人形から私に愛情が返ってくるわけではありません。自ら荷重を送ることはしないという点で，ソシオンとしてのモノは社会的に不完全な存在です。しかしながら不完全であるにもかかわらず，これらのモノがソシオンネットワーク上で重要な役割を果たす場合があります。

モノの特徴は，ふつうのソシオンはモノに対して荷重をもつことができるが，モノは私に荷重をもつことができないという点にあり，その構造は基本的に非対称であることがわかります。私はその対象を評価可能であるにもかかわらず，その対象は私を評価不可能である場合，その対象を**イシュー・ソシオン**と呼びます（図T20-1）。

ソシオン（人）　　イシュー・ソシオン

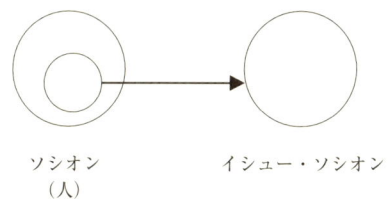

【図T20-1】イシュー・ソシオンから評価されることはない

3．モノとコト

さて，わかりやすいように「モノ」から話を始めましたが，イシュー・ソシオンが社会的存在である以上，何も物理的な実体をもたなくてもよいことになります。たとえば，私たちは映画などを見たときには，おもしろかった，つまらなかった，感動したなど情緒的評価をします。映画はもちろんフィルムに記録されているものですが，おもしろかったのは物質というフィルムそのものではなくて，フィルムによって表現された「ストーリー」という目に見えないものです。私たちは，映画に対する評価をしますが，映画が私たちを評価するということは，SF的な世界でない限りあり得ません。このような物理的実体をもたないイシューのことを，モノとの対比で**コト**と呼んでおきましょう。

「コト」は一般的な言葉でいえば「出来事」，あるいは「現象」と言い換えることもできます。映画はフィルムではなく一連のデキゴトです。私たちは「晴れた天気」が好きだったり，ニュースを見て，「日本社会」を憂いたりします。天気や事件，日本社会は目に見ることができませんが，私たちは一連のプロセ

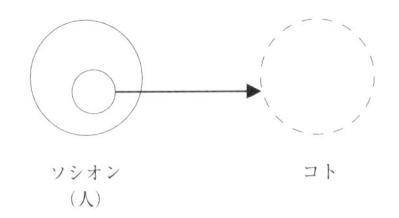

【図T20‐2】コトは実体をもたないが評価可能なソシオン

（図中ラベル：ソシオン（人）、コト）

スを**ひとかたまりのコト**とみなし，それらの単語を用いてラベリングしているのです。ラベリングすることで私たちは他者とのコミュニケーションが可能になるのですから，やはり「コト」も社会的存在だと認めなければなりません。たとえば過去の戦争という出来事に対して，それをポジティブに評価する人とネガティブに評価する人の間で争いが起こるとき，過去の戦争はコト・ソシオンとして荷重の投影対象となっているといえます。コトがなければ仲良くしていた2人も，話題が論争的なコトに及んだとき，途端にけんかになってしまうというのはよくあることです。このように，それ自体は物理的に実在しないものであっても，社会的に存在することで実在と同程度かそれ以上の力を発揮するイシュー・ソシオンもあるのです。

担当者（W/J）

TOPIC 21 主観的実在とソシオイド

1．客観的実在と主観的実在

　ソシオンとしての人は，Pモードのネットワーク上の対象に対して荷重をもつことで，その対象をリアルな存在として認識します。Cモード上の客観的実在もPモードに畳み込まれることで，はじめてソシオンの主体的意識に現れることができます。しかしながらこの畳み込みのメカニズムは，客観的実在をそのまま写し取るのではなく，しばしば認知の歪みをともないます。すなわち客観的な実在と主観的な実在は異なることがあるのです。

　古典的かつ漫画的なミステイクとして，メガネをかけたまま「メガネ，メガネはどこ？」と探している，という滑稽な行動があります。客観的にはメガネをかけていながら，主観的にはメガネが認識されていないのです。これは，Pモードにおいてメガネがイシュー・ソシオンとしてネットワークに畳み込まれていないからと考えられます。エドガー・アラン・ポーの『盗まれた手紙』のように，手紙が誰もが目にしているはずの場所に置かれているからこそ，誰にも見つからないというミステリーは，客観的には視野に入っているはずのことがすべて「見えている」（主観的な意味で）とは限らないことを表しています。

2．ソシオイド

　TOPIC20（☞**T20**）では，通常，私たちがイシューを評価することがあっても，イシューが私たちを評価することはないと論じてきました。しかしながら，上でも指摘したように現実には，客観的実在（Cモード）と主観的実在（Pモード）が食い違うということが起こります。これは，イシュー・ソシオンの性質と考え合わせると，イシューが現実には私たちを評価していなくても，私たちがイシューに**評価されていると思い込む**，ということが起こり得るということを意味します。このようなイシュー・ソシオンはそのイシューを認識している個人にとって，あたかも人間であるかのようなリアリティをもって存在

することになります。このようなイシュー・ソシオンの存在を総称して，**ソシオイド**と呼ぶことにします*[注1]。

ソシオイドが形成されるには大きく分けて2つのステップが必要です。1つめは「イシューのソシオン化」です。モノやコトに評価されていると思い込むということを言い換えれば，それは対象とのコミュニケーション・ループが形成されているということをさします。たとえば，人は子どもの時に「人形遊び」をします。お人形の機嫌が良かったり悪かったりするのは，まさに単なるモノが心をもった対象へと変化していることを示しています。

2つめのステップは，ソシオン化されたイシューについての情報や体験を社会的に共有する段階です。多数の人と体験を共有することで，社会的リアリティ（現実感）が形成されるのです（☞**E25**）。

この2つのステップを経て構築されるソシオイドの例としては，神様，幽霊，ご先祖様などがあげられます。「悪いことをすると神様のバチがあたる」とか「先祖のたたりがある」といった言動は，神様や霊魂，すなわちソシオイドが私たちを評価可能な存在である（と私たちが思い込んでいる）ことを示しています。

(例) 人形遊び
個人的な幻覚体験

イシューのソシオン化

(例) 神，先祖，霊

リアリティの共有

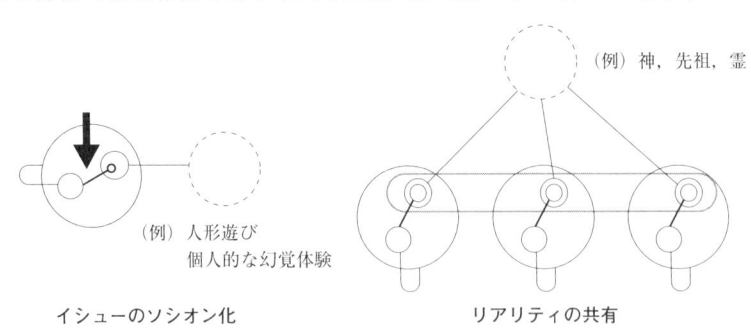

【図T21-1】イシューのソシオイド化

3．偶像の誕生

ソシオイドのリアリティが社会的に広く共有されると，さらにその共有感を増すために1つのシンボルが作られることがあります。神の偶像や先祖の墓がそのシンボルに相当します。もともとはPモードにしか存在しなかったソシオ

---

*注1　荷重Ⅰだけもてるイシュー・ソシオンの逆で，荷重Ⅱだけ与えてくれる特殊なソシオンを擬人ソシオン，あるいはグループ・ソシオンといいます。

イドが，Cモード上における物理的実体を獲得することでその存在と影響力はさらに高まることになります。つかみどころのない神様や霊の姿形が，今や目の前に物理的な実体として存在するわけですから，その信念はますます強化されるというわけです。

またソシオイドが偶像やシンボルとして存在することは，その存在を知らなかったり，疑ったりしている他のメンバーに対するコミュニケーション・メディアとして機能します。神様やご先祖様の存在をまだ知らない子どもたちは，年末年始の初詣や教会での日曜礼拝に，大人たちといっしょに参加することで神様やご先祖様というソシオイドの存在を獲得していくのです。

では偶像やシンボルばかりが物理的実体をもったソシオイドかというと，一概にそうともいえません。情報化社会においては，ソシオンがソシオイド化するケースがあります。たとえば，アイドルやカリスマと呼ばれる存在は実在するソシオンですが，ファンにとっては偶像的なソシオイドとして現れます。神様やご先祖様と同様に，アイドルやカリスマは私たちの手の届かない存在です。私たちはアイドルに対して荷重をもつ（好いたり嫌ったりする）ことはできますが，（そのアイドルと個人的接触をもたない限り）アイドルが私たちに荷重をもつことはありません。アイドルとは英語でidol，すなわち「偶像」という意味ですが，メディアを通じた情報によって形成される主観的実在としてのアイドルと，アイドルの役割を担うその人間の実像はしばしば異なるものです。このように生身の人間がソシオイドとして社会的に機能することもあります。

ソシオイドは偶像ですが，偶像だから無駄なものというわけではありません。ソシオイドは生身の人間ではなく社会的に構築された存在です。ソシオイドを共有することで，社会秩序を維持することもあるのです。ソシオイドとして構築された神があるからこそ，人々は神の命令に従っています。宗教的な権威を否定した近代社会では，神の代わりに「人間」というソシオイドが代替的な機能を担っています。「人間として，やってはいけない」というふうに自己の行為を規制するとき，人は抽象的かつ完全な存在としての「人間」というソシオイドを想定しています。これが「ヒューマニズム」という思想の土台になっているのです。

担当者（J/W）

EPISODE 23 ネットワークとカリスマ

1．カリスマ性

　私たちは集団生活を行うなかで，時としてたった1人の人が集団を動かすという場面に出くわすときがあります。意見が一致しないときは，リーダーの「鶴の一声」で集団全体の方向が決まってしまうことも少なくありません。また少し意味が違いますが，多くのファンをもつ有名人がある商品を「良い」といえば，そのファンもそれを「良い」と思って，その品物を買いあさるという社会現象も起こります。

　こういった個人が集団を動かす現象は，そのリーダーに特別な力（たとえばカリスマ性）があるから起こり得ると考えられがちです。しかし少し注意してみれば，そういったカリスマ性がネットワークの力によって生み出されたものであることがわかります。

2．カリスマを生み出す荷重の波

　すばらしい能力をただもっているだけで，人はカリスマ性をもつわけではありません。まわりの人々にその能力を認めてもらう必要があります。みんながその人をすばらしい！と思う（みんながその人に大きな荷重Iを与える）からこそ，ネットワークのなかで存在感が大きくなってくるのです。

　みんなが評価するものには「価値」がついてきます。お金に価値があるのは，みん

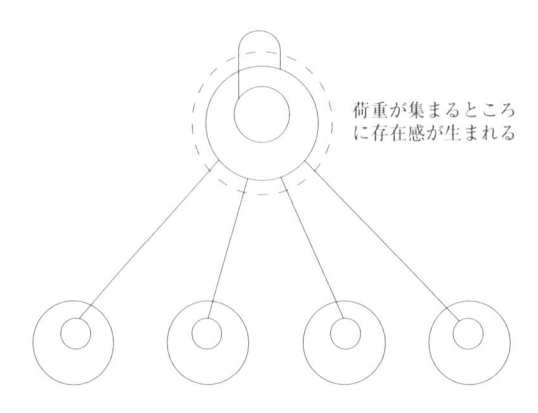

【図E23-1】荷重の集中と存在感

ながお金に交換可能性（という価値）を認めているからです。同様に，リーダーをみんなが評価するとネットワーク中でその価値（存在感）が大きくなり，自然と影響力が大きくなります。この影響力が極限まで高くなると，人々は，リーダーにカリスマ性を見いだすのです。このように，カリスマ性はネットワークの力学によって生み出されるものなのです。

3．カリスマ性の一般化

　カリスマ性をもっている人は，その人自身だけでなく，その人の荷重Ⅰにまで価値ができてくるようになります。それは「私が大好きな人が好きな人は好き」という推移性のルール（☞**T12**）に基づきます。そうすると，カリスマ性をもった人のもっているものは魅力的で，意見はいつも正しくなり，集団を動かす力（権力）さえもつようになるのです。

　アイドルのファッションを，ファンの人が真似をするなんていう光景を街中でよく見かけます。気づけば街ゆく女性はみんな同じような化粧だったりして。このような現象はカリスマ性の一般化によるものです。カリスマ性をもった人がいいといったものはなんでもよく見えてしまうのです（図E23-2）。

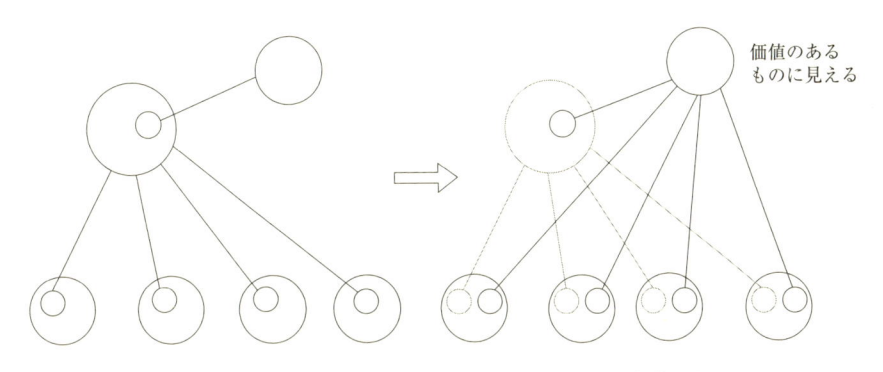

【図E23-2】カリスマ性をもった人が好きなものは価値がある

　もちろん，カリスマ性を得るためには，きっかけとなる特別な能力をもっているほうがよいでしょう。しかし，その能力が必要不可欠なわけではありません。重要なのはみんなからの荷重Ⅰを与えられる構造なのです。あるいは，みんなに好かれている人にうまく取り入ることでも影響力を得ることができます。

担当者（S）

EPISODE 24 他者性

1. 呉越同舟

二者関係のシーソー・モデルは，優劣に関する自他のポジションがトレードオフ関係になっていることを示しています。私が優位であればあなたは劣位であるし，あなたが優位であれば私は劣位であるというように，二者関係における優劣はいずれも排他的かつ独占的なポジションになっています。

さてそのとき，他者とはいったい誰のことをさすのでしょうか？ 将棋やチェスのように対戦型のゲームに興じているのであれば，あるいは出世競争で同じ1つのポストを2人が争っているのであれば，私が優劣を競っている他者が誰であるかは明確です。そのまさに対戦相手が，同じシーソーに乗った相手（呉越同舟）になります。

2. 亡霊の発生

ところで，私の優劣ポジションに関して，それほど他者が明確でない場合が現実にはしばしばあります。立て続けに不幸が舞い込んできたり，7回転んだ後に8回倒れたりといった，どういうわけだかネガティブな出来事が続いたとき，人はこうした不幸の連続がまったくの偶然であるとは思えず，どこかに原因があるのではないかと推測したくなります。ひょっとすると，誰かが私を不幸に陥れようと企んでいるのではないだろうかという不安にかられたことはありませんか？

この不安は，シーソーのモデルで説明することができます。幸と不幸をシーソー上の優劣の位置に対応させると，私の不幸はシーソー運動の必然として他者の幸福を意味することになります。私が不幸になることで，誰かが幸福になっている，あるいは，私の苦しみを誰かが喜んでいるに違いない，という感覚は，ことさらに陰謀説主義者でなくても，誰でももちうる感覚なのです。

昔の伝統的な社会では，自己の劣位に対応して発生する優越的な他者性のことを，亡霊や怨霊の仕業として表象してきました。たとえば，学問の神様として奉られている菅原道真公が政治的に冷遇された末に憤死した後，京の都で災害が立て続けに起こったことがありました。道真公を追いやった公家たちは，この災害が怨霊として現れた道真公の仕返しと考えたのです。かつて他者を引きずり下ろした私の行為に対して，今度は他者が私を引きずり下ろそうと仕返しにきている……。災害それ自体は，自然現象であり特定の誰かの仕業ということはないはずですが，一定の文脈を想定したと

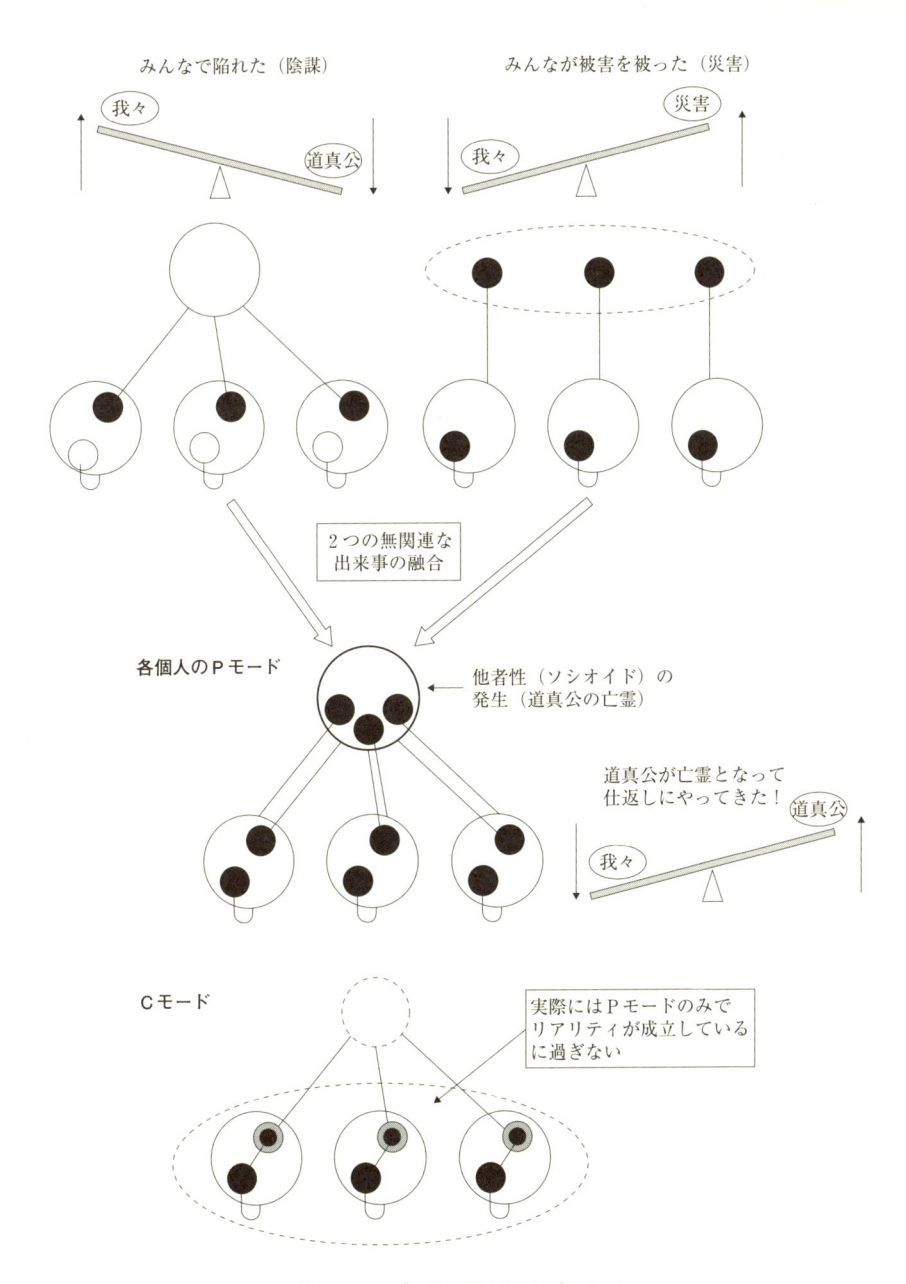

【図E24-1】 他者性の構築プロセス

き，私たちはあたかもそれが人為的な仕業であるかのように，そこに他者性の意図が働いているように感じてしまうのです。

3．他者の存在感

存在しないはずの亡霊の働きを感じてしまうのは，自己と他者がシーソーのかたちで関係することに由来します。自己とは，自己として単独で成立しているのではありません。同様に，他者も他者として単独で成立しているのではありません。自己と他者は，シーソーのこちら側と向こう側に同時発生的に成立するものなのです。そして，大切なのはそのとき自他の荷重差を検出し，優劣関係が構成されることです。いったん優劣関係が構成されると，差異を拡大するか，縮小するか，いずれかの方向でシーソーが動き出すことになります。

シーソーによって構成される他者性は，亡霊とはいえ生身の存在と同様の（あるいはそれ以上の）リアリティをもっているように感じられます。シーソーの動作は，自他の荷重値の変動に基づきます。他者性のリアリティは，荷重値の変動によって生み出されるのです。

他者性のリアリティが構成されて，私の不幸の原因が特定されたとき，不幸という現実そのものは変わらないとしても，なぜ不幸になったのかという理由はひとまずはっきりすることになります。人間にとっては，理由のない不幸よりも理由のある不幸のほうが耐え忍びやすいのです。これは，人間が意味を求める存在だからです。ウェーバー（Weber, M.）は，このように不幸を理由づける説明を「苦難の神義論」と呼び，宗教の基本的な機能であると指摘しました。私たちは出来事の原因を説明するストーリーを組み立てることで，自分が生きている世界を秩序だって認識しようとしているのです。ある意味では，亡霊こそが，私たちの世界の秩序を支えているともいえるのかもしれません。

担当者（W）

EPISODE 25 ソーシャルリアリティ

1．人間関係ネットワークと情報の流れ

　噂や流言といったものに振り回された経験は誰にもあるものだと思います。たとえば，クラスメイトの男女がたまたまいっしょに下校していただけなのに，それをゴシップ好きのクラスの誰かに目撃され，次の日には，もうすっかり「2人は好き合っている」というまことしやかな噂でクラスの話題は持ちきり，というように。特に恋愛のように，みんなが興味のある話題は噂のタネにもなりやすいのです。

　このように，人間関係のネットワークを情報が流れていくうちには，話の内容のある一点がだんだんと強調され尾ヒレがついていき，他の点についてはだんだんと省略されていくというようなことがよく起こります。

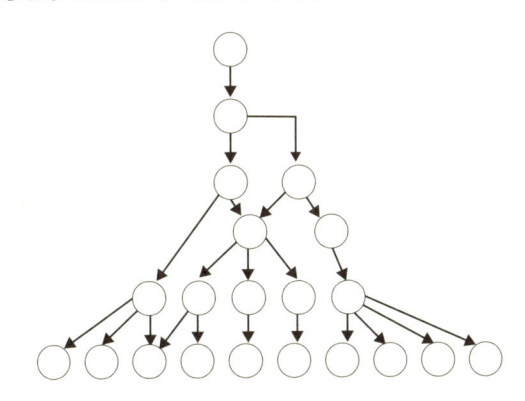

【図E25-1】人間関係ネットワークでの情報の伝播

2．人間関係ネットワークとソーシャルリアリティ

　そして，最も極端な場合では，ただの噂が現実になることすらあります。俗に，「ひょうたんからコマ」といわれるような出来事です。

　かつての日本で，実際にこのようなことが起こりました。みなさんも一度くらいはニュースの記録映像で見たことがあると思いますが，オイルショックの時（1970年代半ば）に起きたトイレットペーパーの不足の現象などがその典型例です。

　たまたま安売りをしていたスーパーマーケットで，トイレットペーパーが売り切れになっていたのを見かけた人が発信源となって，トイレットペーパーが不足している

という噂が流れたとします。その噂を聞きつけた人が確かめに来ると，事実として，そのスーパーマーケットではトイレットペーパーが売り切れています。これを見た人が，オイルショックという背景から紙がなくなるということもあり得ると思い込み，他のスーパーマーケットに行ってトイレットペーパーを買い込みます。ここで，このような行動を数名あるいは数十名の人がすれば，どこの店でもトイレットペーパーが徐々に品薄になっていきます。そして，たまたま買い物に来ていた人たちもその状況を見て，さらに買い置きするという行動に出ると，その現象はどんどんと加速していき，あっという間に近隣のスーパーではトイレットペーパーが売り切れとなってしまうのです。当時は，小売店の店頭にトイレットペーパーが並ぶや否や客が押しかけ，商品を奪い合って殴る蹴るのけんかを始める人すら見られました。

もともとの事実としては，本当にたわいもないというレベルの情報であったにもかかわらず，最終的に大きな社会現象が生まれる，というのが不思議に感じるところです。その鍵は，情報が人間関係ネットワークを流れるなかで，どんどんとその影響力が増幅されていくというプロセスにあります。そして，この作り出された社会現象のことを**ソーシャルリアリティ（社会的現実）**と呼びます。

3．社会にとってのリアリティ

人間は，見慣れない状況に出くわしたときは，その状況についての自分なりの解釈もしてみますが，何より他の人の考えを聞こうとします。あるいは，自分なりの解釈について，「確かにそうですね」と他者から認めてもらいたいと思います。このことが，社会全体でソーシャルリアリティを作り上げるきっかけになっているのです。

社会的な存在である人間にとって，「リアリティ（現実性）がある」とは，突き詰めていうと他者からの承認があってはじめて成立するものである，ともいえます。ソシオンモデルでいうならば，他者を経由する荷重のループが一周してはじめて客観的事実が成立することになるのです。このループを特に**リアリティ・ループ**と呼びます。

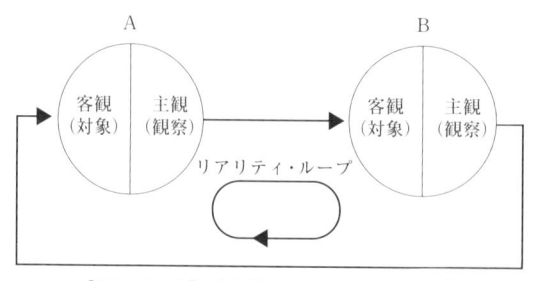

【図E25‐2】社会的リアリティのループ

担当者（I/K）

EPISODE 26 心の万有引力

1．自然科学における「力」の研究

　社会心理学の一分野に，集団力学（グループダイナミクス）と呼ばれるものがあります。初めてこの言葉を聞けば，「集団」における「力」の「学問」だと，誰しもが思うでしょう。

　「力学」は，そもそもニュートン（Newton, I.）が万有引力を発見したことに始まります。ニュートンが考えたのは次のようなことです。

- 自然界を，**空間**，**時間**，**質量**の3つの単位で考える。
- 力とは，物体に運動をさせる働きである。
- 力学には基本的に，3つの法則がある。それぞれ，**慣性の法則**，**運動の法則**，**作用反作用の法則**，という。

　ニュートンは，自然界の物質について力を仮定し，これらの関係が成り立つことから，万有引力の法則を提案します。それは，

- 2つの物体の間には引力が存在する。その大きさはそれぞれの質量の積に比例し，距離の二乗に反比例する。

というものです。これらの法則を見いだしたおかげで，物理学は飛躍的に発展し，自然界の仕組みが理解できるようになってきました。

2．社会科学における「力」とは

　さて，では集団力学では，集団における「力」をどのようなものと考えているのでしょうか？　残念なことに，研究が始まって半世紀たった今でも，集団における力とは何であるかが明らかではありません*注1。人間どうしの間に働く（物理的でない）力とは何か，あるいはニュートン流の力学をどのように応用するか（するべきか？するべきでないか？），といったことについても，いまだかつて議論されたことすらないのです。集団「力学」，と「力」を前面に押している分野でさえそうなのですから，社会科学の他の分野については，いうまでもありません。

　ソシオン理論は，究極的には，この問題に答えることを目的としています。少なく

---

*注1　では何をしてきたかというと，集団力学や社会心理学では，心（の力）がどのような現象となって現れるか，ということについて，無数の観察をくり返しているのです。

とも，解決に向けての一手段，1つの道具にはなるでしょう。なにしろ，この問題を解決しなければ，結局のところ人とその心，人と人，人と集団，人と社会の問題は何一つ解決できないのです。

3．たとえば，の話

　試しに，ニュートンにならって，社会科学における力の定義を考えてみましょう。次のような定義はどうでしょうか。

- 心と社会の世界を，**空間**，**時間**，**質量**の3つの単位で考える。
- 心と社会における「空間」とは，何次元あるかわからないけど，心の空間であり，突き詰めて考えれば，**意味の空間**である。
- 心と社会における「時間」とは，過去から未来へ，一直線・等間隔に進むものではなく[注2]，意味と意味とのつながりをもとに構成されている**円環的時間**である[注3]。
- 心と社会における「質量」とは，**ある意味が他の意味とどれほど結合しているかの量**である。
- ここでの力とは，人または集団を動かす働きである。

　このように定義することができれば，「心の万有引力の法則」なんてものが見つかるかもしれません。それは，

---

*注2　ニュートンの考えた，物理的な時間とは，一直線に進むものでした。これは，力学の式が微分可能であるとしていることからも明らかです。

*注3　あるイベントが「1回起きる」という，イベントの始まりと終わりをもとに定義される時間です。イベントドリブン型の時間，と言い換えることもできるでしょう。

- 2つの心の間には引力が存在する。その大きさは心と心の結びつきの強さに比例し，心の距離の二乗に反比例する。

というものであるかもしれません。

　読者のみなさんもぜひ，ソシオン理論とともに，この問題を考えてみてください。

担当者（F）

文献案内

本書で引用した文献や，関連する文献，ソシオン理論の文献などをリストアップした。見出しは本文タイトルと必ずしも一致していないが，内容的には対応している。

ソシオン理論を直接扱った本や論文

木村洋二・藤澤等・雨宮俊彦　1990　ソシオンの理論(1)　関西大学社会学部紀要, **21**(2), 67-143.
　　ソシオン理論についての最初の論文。3人の著者による共著というより，議論の結果を3人の著者がそれぞれ違った視点からまとめたもの，という感じが強い。

藤澤等・雨宮俊彦・木村洋二　1991　ソシオンの理論(2)　関西大学社会学部紀要, **22**(2), 165-221.
　　ソシオン理論についての2つめの論文。ダイアッドとトライアッドルールが定式化されている。

雨宮俊彦・木村洋二・藤澤等　1993　ソシオンの理論(3)　関西大学社会学部紀要, **25**(1), 63-163.
　　ソシオン理論についての3つめの論文。オペレーションルールがひととおり定式化されている。

木村洋二　1995　視線と「私」　弘文堂
　　ソシオン理論について，木村が自己論を展開している。荷重概念に基づく贈与論，「ヤマタノオロチ」のネットワーク論など，ユニークな議論も。

藤澤等　1997a　ソシオン理論のコア　北大路書房

藤澤等　1997b　複合システム・ネットワーク論　北大路書房

藤澤等　1998　「関係科学」への道　北大路書房
　　藤澤がシステム論的見地から，ソシオン理論を展開しているシリーズ本。「コア」は雨宮，木村と共通するモデルの核を紹介し，「複合～」はシステム論的視座から見たソシオン理論を展開している。「関係～」は人文社会科学に対するソシオン理論の挑戦である。シリーズは以下続刊予定。

雨宮俊彦　2001　相互作用で解く心と社会─複雑系・ソシオン・視覚記号　関西大学出版部
　　ソシオン理論について，雨宮が荷重オペレーションを中心に論を展開している。

木村洋二　1999　ソシオンの一般理論(1)　関西大学社会学部紀要, **30**(3), 65-126.

木村洋二　2000　ソシオンの一般理論(2)　関西大学社会学部紀要, **31**(2), 63-149.

木村洋二　2001　ソシオンの一般理論(3)─トリオンからソシオスへ　関西大学社会学部紀要, **32**(2), 1-104.

木村洋二　2004　ソシオンの一般理論(4)─愛と欲望のキューブモデルとソシオネットの力学系　関西大学社会学部紀要, **34**(1), 1-44.
　　ソシオン理論について，木村が独自に理論を展開している「一般理論」シリーズ。

木村洋二・渡邊太　2005　ソシオン・コミュニケーションの多重媒介モデル　関西大学社会学部紀要, **36**(1), 75-117.
　　ソシオンの三者関係モデルをもとに，三者以上のコミュニケーションにおける信不信の形成と転換についての分析モデルを構築している。

木村洋二・渡邊太　2001　親・子・カルトのトライアッド─信者と家族と教団のソシオン・ネットワーク分析　関西大学社会学部紀要, **32**(2), 105-175.
　　カルトに入信する子とその親と教祖の三者関係のネットワーク動作として，カルト入信と脱会のネットワー

ク・ダイナミックスを分析している．

木村洋二・松尾茂樹・渡邊太　2001　イジメのモードとネットワークの力学―排除のソシオン理論をめざして　関西大学社会学部紀要,**32**(2), 177-204.
> 教室でのイジメについて，イジメっ子・イジメられっ子・クラスメート・教師の四者関係で起こり得るパターンを整理・分類し，多元的現実を把握するイジメのモデルを提示している．

木村洋二・池信敬子　2002　ソシオンのネットワークと鏡像のコミュニケーション (1)―密告・盗聴のモードをふくむ会話のマトリックス　関西大学社会学部紀要,**34**(1), 45-97.
> 誰が誰に向けて誰についてどう語るか，という人間関係に言及するコミュニケーションをモデル化し，密告・盗聴といったパラ・コミュニケーションまで射程に入れたソシオン・コミュニケーション理論を提示する．

木村洋二・渡邊太　2005　献身とテロリズムの感情論理―オウム真理教事件についてのソシオン的考察　関西大学社会学部紀要,**36**(2), 119-164.
> ソシオンの三者関係ロジックを用いて，解脱をめざした真摯な信仰がテロリズムに転換するメカニズムについて分析している．

ネットワークとしての社会

安田雪　1997　ネットワーク分析―何が行為を決定するか　新曜社

安田雪　2004　人脈づくりの科学―「人と人との関係」に隠された力を探る　日本経済新聞社
> 社会的ネットワークについて，中心性や構造同値といった基礎概念の説明からはじめ，弱い紐帯などの有名な研究を引用しつつ，さらには社会関係資本やスモールワールドなどに関する最近の研究についても具体例を用いてわかりやすく解説している．ネットワーク的なものの見方について理解を得ることができる．

Albert-László Barabási　2002　*LINKED: The new science of networks.*　Pennsylvania: Perseus Books Group.　青木薫 (訳)　2002　新ネットワーク思考　NHK出版
> インターネットなど，発展していくネットワークがもつ性質について論じている．スモールワールドやスケールフリーネットなど，最新のネットワークモデルについて，非常にわかりやすく述べられている．

金光淳　2003　社会的ネットワーク分析の基礎―社会的関係資本論にむけて　勁草書房
> 社会的ネットワーク分析の基礎から応用までを学ぶことができる．単なる分析技法の解説にとどまらず，社会的ネットワーク理論の発展過程についても，源流のグループ・ダイナミクス研究から丁寧に紹介している．

公文俊平　2004　情報社会学序説―ラストモダンの時代を生きる　NTT出版
> 今後の情報社会の方向性について，文明史的な視点から論じた本．ネットワークとしての社会の特性を理解するためには，特に5章3節の「ベキ法則」とネットワークの特性との関連性について理解することが重要であろう．

Buchanan, M.　2002　*Nexus: Small Worlds and the Groundbreaking Science of Networks.*　New York: Norton.　阪本芳久 (訳)　2005　複雑な世界，単純な法則―ネットワーク科学の最前線　草思社
> 最近のネットワーク科学の動向，とりわけスモールワールド関連研究の情報がサイエンスライターである著者によって，わかりやすく解説されている．とりあえずネットワーク科学の概要を知りたい，という人にはおすすめの一冊．

増田直紀・今野紀雄　2005　複雑ネットワークの科学　産業図書
> 複雑なネットワークの特徴について，丁寧な数学的定式化に基づいて解説されている．そして，それにより，閾値モデルなども含む多様なネットワークモデルグラフの比較検討を行っている点に，オリジナリティがある．

脳神経と人間関係はどちらもネットワーク

守一雄　1996　やさしいPDPモデルの話―文系読者のためのニューラルネットワーク理論入門　新曜社
　　タイトルの通り，文系読者の初心者に対する非常にわかりやすいニューラルネットワークの入門書。ニューラルネットワークと人間組織のメタファーについてはこの本にも出てくる。

藤澤隆史・藤澤等　2001　集団システムの安定性とコネクショニストモデル　守一雄・都築誉史・楠見孝（編著）　コネクショニストモデルと心理学　北大路書房　81-99.
　　人間社会における小集団についてのシステム安定性を検討するために，ニューラルネットワーク（コネクショニストモデル）を用いて，そのダイナミックスについて検討している。

荷重の性質

Schachter, S. & Singer, J. E.　1962　Cognitive, Social, and Psychological Determinants of Emotional State.　*Psychological Review*, **69**, 379-399.
　　情動二要因説の初出論文がこちら。

濱治世・鈴木直人・濱保久　2001　感情心理学への招待―感情・情緒へのアプローチ　サイエンス社
　　入門書にしては感情心理学研究について幅広く解説されている好著。シャクターとシンガーの情動二要因説についての解説 (p.52-54) も含まれている。また生理的覚醒についての認知的解釈の錯誤に関する代表的な文献として，次のものも参照されたい。

Dutton, D. G. & Aron, A. P.　1974　Some Evidence for Heightened Sexual Attraction under Condition of High Anxiety.　*Journal of Personality and Social Psychology*, **30**, 510-517.
　　（齊藤勇（編）・齊藤勇・他（著）　1987　対人社会心理学重要研究集②―対人魅力と対人欲求の心理　誠信書房　p.21-24に要約が収録されている）

雨宮俊彦　2001　エージェント・環境相互作用モデルとソシオン理論（1）　関西大学社会学部紀要, **32**(2), 253-291.
　　荷重の性質とその他の感情研究とのかかわりについては，この論文で検討されている。

木村洋二・増田のぞみ　2001　マンガにおける荷重表現―ページの「めくり効果」とマンガの「文法」をめぐって　関西大学社会学部紀要, **32**(2), 205-251.
　　マンガ表現のなかにみられる荷重要素について分析している。

木村洋二・板村英典・池信敬子　2004　「拉致」問題をめぐる4大新聞の荷重報道―多元メディアにおける「現実」の相互構築をめぐって　関西大学社会学部紀要, **35**(3), 89-121.
　　北朝鮮による日本人拉致問題に関する新聞報道を題材として，見出しの大きさによってメッセージの荷重値を測定し分析している。

精神的自己・物質的自己・社会的自己

James, W.　1892　*Psychology, Briefer Course*.　New York: Henry Holt.　今田寛（訳）　1992　心理学上巻　岩波書店
　　心理学の視点から自己を論じる際には，必ず参照されるべき本である。特に，社会的自己に関する議論は示唆に富む。

Mead, G. H.　船津衛・徳川直人（編訳）　1991　社会的自我　恒星社厚生閣
　　ミードの象徴的相互作用理論は，ジェームズの自己論と並んで，自己の社会的構成の仕組みについて考えるときには参照されるべきである。そのミードの社会的自我に関する3つの論文（1913〜1925）を翻訳したものが本書である。象徴的相互作用理論は，時代的制約から古典物理学のたとえを用いて説明されているが，社会ネットワーク論的に読み直され，解読されなければならない。

Goffman, E. V.　1959　*The presentation of self in everyday life.*　New York: Doubleday.　石黒毅（訳）　1974　行為と演技　誠信書房
　　人は，自分自身を他者から見られるものとして提示し，演技している。ゴッフマンが皮肉っぽく描くパフォーマーとしての一般人の姿は，ネットワーク的に翻弄される自己の不安定さを表している。

Sartre, J.-P.　1943　*L'Être et le néant.*　Paris: Gallimard.　松浪信三郎（訳）　1974　存在と無　河出書房新社
　　他者のまなざしの一撃によって，私は硬直し立ちすくむ。そのような絶対的で断絶的な関係にある他者とのかかわりが，ソーシャル・ネットワークを構成しているのである。

Foucault, M.　1975　*Surveiller et punir: naissance de la prison.*　Paris: Gallimard　田村俶（訳）　1977　監獄の誕生　新潮社
　　看守のまなざしを内面化した囚人は，たとえ看守が監視していないときでも従順に規則を守る。監視する者の視線を内面化することで，自己は主体化される。内面化されたまなざしのネットワークは，ソシオンのふるまいを制御する。

コミュニケーションモデルにおける人と機械の違い

Bateson, G.　1972　*Steps to an ecology of mind.*　New York: Brockman.　佐藤良明（訳）　2000　精神の生態学（改訂第2版）　新思索社
　　人間のコミュニケーションの本質について，システム理論的な視点から説明している。コミュニケーションは安定した関係のなかでのみ行われるわけではない。コミュニケーション自体に言及するコミュニケーション（メタ・コミュニケーション）がメッセージレベルのコミュニケーションと混同されるとき，関係はこじれて混乱する。オブジェクトレベルのメッセージとメタメッセージのダブルバインド状況が引き起こす精神的な問題についても言及している。

末田清子・福田浩子　2003　コミュニケーション学―その展望と視点　松柏社
　　コミュニケーション学の教科書。心理学モデル，システム論モデルなどのさまざまなコミュニケーションモデルを図示しながら手際よく解説されている。

コミュニケーションのすれ違い

Laing, R. D.　1969　*Self and others.*　Harmondsworth: Penguin.　志貴春彦・笠原嘉（訳）　1975　自己と他者　みすず書房
　　アイデンティティは相補的である。私は，あなたが私のことをどう思っているのか，ということを知ることで，私自身についての確かな像を描くことができる。もしそのような安定した自己イメージを提示してくれる他者がいなければ，私は存在論的に不安定な状態に陥る。

Laing, R. D.　1969　*The politics of the family and other essays.*　London: Routledge.　阪本良男・笠原嘉（訳）　1979　家族の政治学　みすず書房
　　家族は，しばしばアイデンティティの侵襲が起きる場である。たとえば「お母さんは，お前のことをお前自身よりもよくわかっているんだよ」というかたちで，内部に他者が侵入する経験にさらされつづけると，自分で自分のことがわからなくなる危険がある。

タイポロジー

Freud, S.　井村恒郎・小此木啓吾・他（訳）　1970　フロイト著作集6　自我論・不安本能論　人文書院
　　自我・超自我・エスからなるフロイトの自己は，自己のうちにあらかじめ他者が書き込まれている点でソシオンのモデルに通じる。フロイトが探り当てた無意識のメカニズムは，夢や神話の構造を通して社会を成り立たせる力の解析にも及ぶ。

ギブ・アンド・テイク

Mauss, M.　1950　*Sociologie et anthropologie*.　Paris: Presses Universitaires de France.　有地亨・伊藤昌司・山口俊夫（訳）　1973　社会学と人類学　弘文堂
　　モースは，トロブリアンド諸島のクラ交換の事例から，交換とは異なる贈与の論理が全体社会システムの構成原理であることを示している。また，マナの概念はソシオン理論の荷重概念に通じる。

Bataille, G.　1967　*La Part maudite, précéde de La notion de dépense*.　Paris: Editions de Minuit.　生田耕作（訳）　1973　呪われた部分　二見書房
　　ポトラッチ儀礼にみられるような過激な蕩尽は，一見無駄のきわみであるが，見返りなしの蕩尽の瞬間にこそ「聖なるもの」が出現するのであり，それは動物から人間を区別する決定的な特徴である。バタイユは，経済社会をおおう交換の論理に対して，純粋贈与を強調した。

Schérer, R.　1993　*Zeus hospitalier: éloge de l'hospitalité: essai philosophique*.　Paris: Armand Colin.　安川慶治（訳）　1996　歓待のユートピア　現代企画室
　　他者への贈与は，人間にとって余裕のあるときにのみ行われるオプション的なものなのではない。贈与による歓待は，人間が人間であるための条件であるというシェレールは，普遍的な歓待の原則を探る。

Benedict, R.　1946　*The chrysanthemum and the sword*.　Boston: Houghton Mifflin.　長谷川松治（訳）　1972　菊と刀　社会思想社
　　アメリカの文化人類学者が日本の文化について分析した本。義理といった日本独特の概念についても取り上げられている。

シーソーの運動法則

Baudrillard, J.　1970　*La société de consommation: ses mythes, ses structures*.　Paris: Denoel.　今村仁司・塚原史（訳）　1979　消費社会の神話と構造　紀伊國屋書店
　　産業製品における機能の差異をめぐる競争はやがて飽和し，記号の差異をめぐる競争へと転換する。資本主義経済の高度化に対応する消費社会では，差異の消費が支配的となる。そこでは，差異はさらなる差異への欲望を生み出すため，欲望はけっして充たしえない。

Merton, R. K.　1968　*Social theory and social structure*.　New York: Free Press.　森東吾・他（訳）　1961　社会理論と社会構造　みすず書房
　　マートン自身はネットワークという言葉を使っていないが，「予言の自己成就」メカニズムの説明において，ネットワークのうねりが「嘘から出たまこと」を現実化する過程を的確に記述している。

Hegel, G. W. F.　1832　*Phanomenologie des Geistes*.　Berlin: Duncker & Humblot.　長谷川宏（訳）　1998　精神現象学　作品社
　　主人と奴隷の関係において，奴隷は主人に依存しているようにみえる。しかし，主人もまた自らが主人であるために奴隷に依存しているともいえる。優位者と劣位者は相互依存の関係にある。

固定性と流動性

Lévi-Strauss, C.　1962　*La Pensée sauvage*.　Paris: Plon.　大橋保夫（訳）　1976　野生の思考　みすず書房
> レヴィ＝ストロースは，ヨーロッパ的な文明に対置される，いわゆる未開とされている社会の神話や慣習のなかに固有の論理的な変換規則があることを発見し，鮮やかに描き出している。レヴィ＝ストロースは，流動性を作り出す資本主義の熱い社会と，固定性を不変的に維持する冷たい社会を対置した。

Deleuze, G. & Guattari, F.　1972　*L'anti-Œdipe*.　Paris: Editions de Minuit.　市倉宏祐（訳）　1986　アンチ・オイディプス　河出書房新社
> 欲望する生産を解放する資本主義経済は，すべてを資本の枠内に囲い込む運動でもある。個人レベルの欲求ではなく，社会レベルの欲望のダイナミズムが資本主義を駆動する。ドゥルーズとガタリは，資本主義経済を解体に導くような欲望の流動性を思考した。

Bourdieu, P.　1979　*La distinction: critique sociale du jugement*.　Paris: Editions de Minuit.　石井洋二郎（訳）　1989　ディスタンクシオン　新評論
> 誰でも努力しだいで成功者になれる，という自由競争のイデオロギーは，社会の現実と乖離している。不公平なルールで行われる競争は，階級再生産の構造を維持する。上品さや趣味などといった身体化された指標は，階級再生産の象徴闘争において効果的な役目を果たす。

ルサンチマン

Nietzsche, F.W.　1892　*Zur Genealogie der Moral*.　Leipzig: Naumann.　木場深定（訳）　1964　道徳の系譜　岩波書店
> 持たざる者が持てる者をうらやむ感情は，「あのブドウはすっぱいに違いない」（イソップの狐）という強がりに転化する。さらに，ブドウを持っているやつは下品で，持たない自分のほうが高貴なのだ，という負け惜しみの道徳化に至る。ニーチェはこういう奴隷道徳をののしった。

社会的感情のキューブモデル

木村洋二　1993　欲望のソシオン理論―ソシオンダイアッドにおける差異と欲望の力学と感情のキューブモデル　関西大学社会学部紀要, **25**(2), 1-41.
> キューブモデルについての初出論文。

櫻木潤・藤澤等　1994　ソシオン理論における社会的情緒の実証的研究　日本社会心理学会第35回大会発表論文集, 308-309.
> 質問紙調査によるキューブモデルの実証的研究。藤澤（1997a）にAppendixとして再録。

石盛真徳　2005　社会的感情に関する一考察　年報人間関係学, 第8号, 13-24.
> 社会的感情を二者関係のなかにおいて生じる特質ととらえる関係性アプローチの視点から，主要な3理論（de Riveraの構造的理論，Kemperの社会的相互作用理論，そしてソシオンの社会的情緒モデル）について比較検討を行っている。

認知均衡理論群

野村昭　1987　社会と文化の心理学　北大路書房

いくつかの認知均衡理論モデルについての議論だけではなく、社会心理学の知見を広くカバーしているテキスト。

Spinoza, B. 1677 *Ethica: ordine geometrico demonstrate.* 畠中尚志（訳） 1975 エチカ 岩波書店
スピノザによれば、より大きな完全性への移行に伴う感情が喜びであり、より小さな完全性への移行に伴う感情が悲しみである。ハイダーのバランス理論は、スピノザの洞察から着想を得ている。

Heider, F. 1983 *The life of a psychologist: an autobiography.* Kansas: University press of Kansas. 堀端孝治（訳） 1988 ある心理学者の生涯 協同出版
バランス理論を提唱したハイダー自身の日記。バランス理論を練り上げていくプロセスや、多くの心理学者と交流があったことをうかがい知ることができるという意味で、違った面白さがある本である。

Taylor, H. F. 1970 *Balance in small groups.* New York: Litton Educational Publishing. 三隅二不二（監訳） 1978 集団システム論 誠信書房
バランス理論に関して網羅的に解説してある好著。

Heider, F. 1958 *The Psychology of Interpersonal Relations.* New York: John Wiley & Sons. 大橋正夫（訳） 1978 対人関係の心理学 誠信書房
対人心理学についての古典的文献。バランス理論については特に第7章で論じられている。三項関係に基づいた感情力学が、日常生活においていかに基本的なものであるかについて、実験はもちろんのこと、文学や哲学の文献を含めて説得的に述べられている。

Simmel, G. 1923 *Soziologie: Untersuchungen uber die Formen der Vergesellschaftung.* Berlin: Duncker & Humblot. 居安正（訳） 1994 社会学 上・下巻 白水社
ジンメルの形式社会学は、社会的相互作用の形式を抽出するものである。ジンメルは、二者関係から三者関係へと集団が量的に増大したときの相互作用の質的変化に注目している。

Levinas, E. 1991 *Entre nous: essais sur le penser-a-l'autre.* Paris: B. Grasset. 合田正人・谷口博史（訳） 1993 われわれのあいだで 法政大学出版局
二者の友愛の関係は、暗黙のうちに第三者の排除を前提にしているかもしれない。レヴィナスは、愛し合う2人のかたわらに傷ついた第三者の姿があるという印象的な言い回しで表現している。共同体の成立と他者排除の暴力性は、背中合わせの関係にある。

Blanchot, M. 1983 *La communauté inavouable.* Paris: Editions de Minuit. 西谷修（訳） 1984 明かしえぬ共同体 朝日出版社
非対称的な他者との共同体は可能か。死にゆく者の隣人としてあることが、共同体が死に向かって整備される条件となる。ブランショは、ネットワーク的閉鎖性に陥らない共同体の可能性を模索している。

吉本隆明 1968 共同幻想論 河出書房
吉本隆明は、マルクス主義でいう上部構造にあたる幻想領域を個人幻想・対幻想・共同幻想の3つに分ける。個人幻想は自己関係、対幻想は二者関係、共同幻想は三者関係（以上）とみなすと、ソシオンのモデルと対応する。

Osgood, C. E. & Tannenbaum, P. H. 1955 The Principle of Congruity in the Prediction of Attitude Change. *Psychological Review*, **62**, 42-55.
（齊藤勇（編）・古屋健・他（著） 1987 対人社会心理学重要研究集③—対人コミュニケーションの心理 誠信書房, p.209-211に要約が収録されている）
認知均衡理論群の1つであるオズグッドらの適合性原理についての文献。正負の符号関係だけでなく、三項関係の量的なバランスについての考察が含まれている。

認知的経済性

小杉考司・藤澤隆史・藤原武弘　2004　バランス理論と固有値分解　理論と方法, **19**(1), 87-100.
> バランス状態が最も認知的負荷が少ないことを示した論文。非対称関係についても言及されている。

いじめのきっかけ

Schmitt, C.　1933　*Der Begriff des Politischen*.　Hamburg: Hanseatische.　田中浩・原田武雄（訳）　1970　政治的なものの概念　未来社
> 政治的な対立は、「友」「敵」の区別である。シュミットは、敵のカテゴリーは敵の抹殺に至り、人類の外部に敵がいない以上、世界政府による平和の実現は不可能という。三者関係の推移性は、「友」「敵」のロジックである。

Girard, R.　1972　*La violence et le sacré*.　Paris: B. Grasset.　古田幸男（訳）　1982　暴力と聖なるもの　法政大学出版局
> 共同体内における欲望の昂進による暴力の高まりを鎮めるために、生けにえが選ばれて全員一致の集合的暴力が振るわれる。その後、生けにえは神聖化されて宗教的な聖なるものとして奉られる。犠牲と崇拝のダイナミズムは、カリスマの光と影を表す。

嫉妬

Girard, R.　1961　*Mensonge romantique et vérité Romanesque*.　Paris: Bernard Grasset.　古田幸男（訳）　1971　欲望の現象学—文学の虚偽と真実　法政大学出版局
> 人は他者の欲望するものを欲望する。ジラールの欲望の三角形は、友の友は友という三者関係の推移性が、嫉妬によって揺るがされる危うさをもっていることを示す。

集団間の葛藤と推移性

Sherif, M., Harvey, O. J., White, B. J., Hood, W. R., & Sherif, C. W.　1961　*Intergroup conflict and cooperation: the Robbers Cave experiment*.　Norman, Oklahoma: University of Oklahoma Book Exchange.
> （齊藤勇（編）・林春男・他（著）　1987　対人社会心理学重要研究集①　社会的勢力と集団組織の心理　誠信書房、p.156-158に要約が収録されている）
> サマーキャンプ実験についての文献。

ダイアッドのバランス

Maturana, H. R. & Varela, F. J.　1980　*Autopoiesis and Cognition: The realization of the living*.　Dordrecht: D. Reidel Publishing.　河本英夫（訳）　1991　オートポイエーシス—生命システムとは何か　国文社
> システムの構造的カップリングについては上記文献のオートポイエーシス論で問題提起された。それによれ

ば,「二つ以上の単位体の行為において,ある単位体の行為が相互に他の単位体の行為の関数であるような領域がある場合,単位体はその領域において連結(カップリング)していると言ってよい。カップリングは,相互作用する単位体が,同一性を失うことなく,相互作用の過程でこうむる相互の変容の結果として生じる」(訳書p.117) とある。

河本英夫　1995　オートポイエーシス　青土社
　オートポイエーシス論についての解説書。一般システム論についての順序だった説明も付いているので,マトゥラーナとヴァレラによる上記の文献を読む前に,本書を読まれることをおすすめしたい。また,オートポイエーシス論とソシオン理論の関連性についての詳細な検討は,藤澤(1997b)を参照のこと。

社会的感情

山本(西隅)良子・遠藤利彦　2004　他者の喜びを自己の喜びとすること　日本心理学会第68回大会発表論文集, 961.

山本良子　2005　他者の不幸を悲しむ情動・喜ぶ情動　日本社会心理学会第46回大会発表論文集, 540-541.
　三項関係に基づく社会的感情(情動)については,その分類(共感的喜びやシャーデンフロイデなど)を含めて,上記を参照。面接法や質問紙調査による三項関係情動についての実証的論文。また共感的羞恥心についての調査の研究としては,石盛真徳(2005)　行為者あるいは傍観者の視点からの共感的羞恥　日本社会心理学会第46回大会論文集, 532-533. がある。

イシュー・ソシオン (モノとコト)

藤澤等　1997a　ソシオン理論のコア　北大路書房　28-30.

藤澤等　1998　「関係科学」への道　北大路書房　134-143.
　モノやコトのイシュー・ソシオンについては上記文献の表記ページに述べられている。

Winnicott, D. W.　1971　*Playing and reality*.　London: Tavistock Publications.　橋本雅雄(訳)　1979　遊ぶことと現実　岩崎学術出版社
　モノへの荷重付与はいつから始まるのか。小さい子どもがタオルケットや毛布に執着を示すのは,それを自己と同一化した母体から,自己と分離された他者との関係に移行する間の中間的な「移行対象」として利用しているからである。

Berger, P.L. & Luckmann, T.　1967　*The social construction of reality: a treatise in the sociology of knowledge*.　New York: Doubleday　山口節郎(訳)　2003　現実の社会的構成(新版)　新曜社
　バーガーとルックマンは,客観的事実として存在しながら同時に主観的な意味構築の産物でもある社会を,内在化・外在化・客体化の弁証法によってモデル化した。

Durkheim, E.　1912　*Les formes élémentaires de la vie religieuse: le système totémique en Australie*.　Paris: F. Alcan.　古野清人(訳)　1975　宗教生活の原初形態　岩波書店
　トーテムとされる動植物を氏族の祖先とみなすトーテミズムの宗教形態に,デュルケームは社会の原初形態を見いだした。シンボルを中心に社会を束ねるシステムにおいて,一定の安定性を獲得するトーテムは原初のソシオイドともいえる。

ソシオマトリックスからソシオキューブへ

狩野素朗　1985　個と集団の社会心理学　ナカニシヤ出版
　　ソシオメトリーの技法について，社会心理学の教科書のなかでは，この本が第5章第3節で詳しくふれている。

Moreno, J. L.　1934　*Who Shall Survive?*　Washington, D.C.: Nervous and Mental Disease.
　　ソシオメトリーを開発したモレノの原著。この本はその主張も英文もかなり難解なので，詳細を知りたくない限りあまりおすすめはできない。

田中熊次郎　1959　ソシオメトリーの理論と方法　明治図書
　　ソシオメトリーの歴史的背景と発展について，初学者にはこの本が参考になる。Moreno (1934) の部分訳を含む。

藤澤等　1997a　ソシオン理論のコア　北大路書房
　　ソシオキューブについては，ソシオマトリックスとのかかわりを含め，p.42-48に詳しく述べられている。

石盛真徳・開原千景・藤澤等　1999　家族集団における役割関係の構造―ソシオン理論に基づく二相三元非対称データの分析　社会心理学研究, **14**, 155-164.
　　家族集団における感情・役割関係をソシオキューブ的な視点からとらえ，調査から得られたデータを分析し，その構造を明らかにした論文。

社会的実在性とソシオイド

雨宮俊彦　2004　ソシオイドについての心理学的研究―大学生を被験者としたソシオイドの心理的機能についての予備的調査　日本心理学会第68回大会発表論文集, 170
　　ソシオイドという対象とその機能についての報告。探索的調査としてKJ法によるさまざまなソシオイドについてのマッピングがなされ，その調査に基づいた質問紙調査では，3つのカテゴリーに分類されたそれぞれのソシオイドの機能についての報告がなされている。

ソーシャルリアリティ

Festinger, L., Riecken, H.W., & Schachter, S.　1956　*When prophecy fails: an account of a modern group that predicted the destruction of the world*.　Minneapolis: University of Minnesota Press.　水野博介（訳）　1995　予言がはずれるとき―この世の破滅を予知した現代のある集団を解明する　勁草書房
　　認知的不協和理論の提唱者であるフェスティンガーらの研究グループによる，社会心理学の古典的名著。カルト集団への参与観察をベースに，閉じた集団内でいったん形成された社会的現実が，その危機に陥ってもいかに維持・強化されていくのかを詳細に描いている。

藤澤等　1996　一般生命システム論―生命システムの基本　関西大学社会学部紀要, **27**(3), 125-154.
　　心理学の観点から考えた，客観性とは何かについて論じられている。

龍の考える麒麟

Koestler, A. 1978 *Janus: a summing up*. New York: Vintage Books. 田中三彦・吉岡佳子
　（訳）　1983　ホロン革命　工作舎
　　全体を構成する要素がそれ自体，全体としての構造をもつような要素単位をホロンという。ホロンのヒエラルキーは，両端が開いている。ケストラーは，20世紀の悲劇をホロンの二面性から説明しようと試みた。

清水博　1999　生命と場所（新版）　NTT出版
　　生命システムの構成要素は関係子である。関係子の性質は，それが埋め込まれたネットワークの種類によって異なる。この関係論的存在論は，人間をネットワークの結節点とみるソシオンの概念に近い。

索　引

【あ行】
いじめ　74, 76
イシュー・ソシオン　91, 120, 123
ウィーバー（Weaver, W.）　34
ウェーバー（Weber, M.）　130
オズグッド（Osgood, C. E.）　71

【か行】
階層型ネットワーク　17
カウンセリング　108, 112
荷重　31
　——Ⅰ　20, 25, 38, 44, 47, 61, 63, 79, 108, 126
　——Ⅱ　21, 25, 32, 38, 44, 47, 64, 108
　——Ⅲ　21, 25, 38, 45, 47, 61, 64, 88, 108
　——価　32
　——最大化　46, 47, 79
　——の対称化　44
　——布置　63
　——量　25, 31, 60, 97
家族　99, 100
家族認知　100
カリスマ　125, 126
カルト　115
感情キューブ　62
感情転移　112
擬人ソシオン　124
境界　100
共感的悲しみ　91
共感的喜び　91
偶像　125
グループ・ソシオン　124

結節点　4, 15
権力　81, 127
構造定理　73
コト　121, 124

【さ行】
差異化　52, 56, 61
サマーキャンプ　84
三項関係の感情　91
三者関係　27, 46, 68, 70, 72, 76, 81, 104, 115
シーソー　50, 53, 55, 58, 60, 80, 128
Cネット　8
Cモード　8, 9, 11, 30, 37, 45, 89, 103, 123
シェリフ（Sherif, M.）　84
視界　10, 11, 15
自己意識　90
自己開示　30, 41
シミュレーション　7, 16
社会的感情　60, 90
シャクター（Schachter, S.）　32
シャノン（Shannon, C. E.）　34
集団　74, 84, 98, 100, 126, 133
集団間葛藤　84
情動二要因説　32
ジョハリの窓　29
シンガー（Singer, L. E.）　32
推移性　69, 72, 74, 77, 79, 84, 87, 91, 127
スケープゴート　76
相互結合型ネットワーク　17
ソーシャルリアリティ　132
ソシオイド　123
ソシオキューブ　98

149

ソシオグラム　　25, 32, 60, 63, 94, 103, 108
ソシオマトリックス　　97
ソシオメトリー　　94

【た行】
ダイアッド　　→二者関係
対称化の原則　　10
畳み込み　　11, 34, 94
タネンバウム（Tannenbaum, P. H.）　　71
紐帯　　4
転移　　68, 71
トライアッド　　68, 84, 91, 115

【な行】
ニーチェ（Nietzsche, F. W.）　　59
二者関係（ダイアッド）　　25, 44, 52, 87, 103, 128
二層二者関係　　108
ニューカム（Newcomb, T. M.）　　71
ニュートン（Newton, I.）　　133
ニューラルネットワーク　　2, 16
人気者　　74, 94, 97
認知均衡理論　　39
認知的経済性　　44, 72
ネットワーク　　4, 7, 9, 14, 16, 20, 30, 36, 48, 51, 74, 76, 81, 115, 120, 123, 126, 131

【は行】
ハイダー（Heider, F.）　　70
バランス理論　　70
反感　　91
ＰＤＰモデル　　16
Ｐネット　　8
Ｐモード　　8, 9, 11, 30, 37, 45, 89, 103, 109, 115, 123
平等化　　52, 56, 61
広げ返し　　11, 34
フェスティンガー（Festinger, L.）　　71
並列最適化問題　　49
ベネディクト（Benedict, R.）　　40
返報性　　40, 53, 89

【ま行】
矛盾最小化　　44, 48
モノ　　120, 124
モレノ（Moreno, J. L.）　　94, 97

【ら行】
リアリティ・ループ　　132
ルサンチマン　　59
レヴィ＝ストロース（Lévi-Strauss, C.）　　56
レヴィナス（Levinas, E.）　　78

あとがき

　心と社会の問題は広くて複雑な未知の大陸である。読者，著者を含めて人間なら誰もがこの広大無辺な大陸の探検者である。こころならずも道に迷い苦しむ人もいれば，ささやかな安住の地を見つけだす人もいる。しかし，誰もこの大陸の正確な地図を持ち合わせてはいない。本書は，いわば，心と社会の大陸を歩くために考え出された一組の測量法に違いない。これを持参して読者自身の地図を描き進んでいただければ幸いである。

　ソシオン理論が産声をあげてから十余年の歳月が流れた。木村洋二先生，雨宮俊彦先生と私がソシオン理論を構築すべく夜の喫茶店で激論を交わしたのは，今となっては懐かしい思い出となっている。たまたま3人の授業が終わる曜日と時間が同じで，たまたま3人が大学近くの喫茶店で出くわし，「藤澤君，最近何を研究してるの？」という木村先生の世間話から始まった会合は，その後毎週のように続き，雨宮先生提案の「ソシオン」という命名によって共同研究へと発展していった。その間，行きつ止まりつ，しかし着実に，ソシオン理論は発展を遂げてきた。思考実験やコンピュータ・シミュレーションによって理論の精緻化が進んだところもあれば，実験・調査によって理論の裏づけがなされたところも少なくない。これらの進展はソシオン第2世代と呼ばれる研究者たちの成果である。

　「ソシオン理論は難解だ」という意見をよく聞くが，じつはそれほど難しくもないし，複雑でもない。ただ現象へのアプローチが従来の社会心理学とは異なるため，いくらかの戸惑いと誤解が生じているに過ぎないからだと考えている。事実，本書を執筆した者でさえ，最初はソシオン理論に対して食わず嫌いと感情的反発があったことを告白しておかなければならない。

　「ソシオン理論には人間的な悩みや喜怒哀楽がない」という人もいる。確かにニューラルネットや二相三元マトリックスなど社会心理学では聞きなれない用語が飛び出してくるが，それはソシオン理論が個人心理としての社会心理を扱っているのではなく，常に他者や集団や社会との関係に注目した研究だからである。荷重のシーソー理論なども個人心理学では扱うことのなかった社会的

感情を初めて明らかにしているし，何よりも二者・三者関係のダイナミズムに力点が置かれているのは「心」より「関係」が主題となっているからである。

「自分より大切なものはない」という主張をよくよく考えてみると，自分を作り上げ，自分を自分らしくし，自分をかけがえのないものにしているのはほかならぬ他者や集団や社会と自分との「関係」であることに気づかされる。社会心理学の歴史は大きくいって，集団→個人→認識へと進んできた。その先にあるのは大脳ではなく，目に見えない「関係」にある。そこで，行動から関係へとささやかな一歩を踏み出したのがソシオン理論なのだから，本書「入門」によってソシオン理論への理解が進み，若き研究者たちによるさらなる展開がなされることを期待してやまない。

最後にソシオン理論を温かく見守り，あるときは父親のごとく檄を飛ばし，またあるときは恋人のごとく寄り添っていただいた北大路書房の関一明氏にこの場を借りて心より感謝いたします。

2006年3月

藤澤　等

【監修者紹介】

藤澤　等（ふじさわ・ひとし）　　担当者（F）

1948年　大阪府に生まれる
1978年　関西大学社会学研究科博士課程単位取得後退学
　　　　関西大学専任講師，同助教授，同教授を経て
現　在　長崎シーボルト大学国際情報学部教授（社会・心理システム論）
主著・論文　認知と精神的操作の心理学　関西大学経済・政治研究所双書
　　　　　　1990年
　　　　　　集団凝集性の社会心理学（監訳）　北大路書房　1994年
　　　　　　ソシオン理論のコア　北大路書房　1997年
　　　　　　複合システム・ネットワーク論　北大路書房　1997年
　　　　　　「関係科学」への道　北大路書房　1988年
著者から一言　階層間相互作用論にひっかかって10年が経とうとしています。このまま墓に持ってゆくのか……。そうはしたくない……。

【編著者紹介】

小杉考司（こすぎ・こうじ）　　担当者（K）

1976年　大阪府に生まれる
2003年　関西学院大学社会学研究科博士課程修了
現　在　日本学術振興会特別研究員
学位・資格　博士（社会学），専門社会調査士
主著・論文　ダイナミック社会的インパクト理論における意見の空間的収
　　　　　　束を生み出す要因の検討（共著）　実験社会心理学研究, **41**(1), 16-25.　2001年
　　　　　　バランス理論と固有値分解（共著）　理論と方法, **19**(1), 87-100.　2004年
　　　　　　等高線マッピングによる態度布置モデル（共著）　行動計量学, **31**(1), 17-24.
　　　　　　2004年
　　　　　　福祉・心理・看護のテキストマイニング入門（共著）　中央法規　2005年
研究・関心領域　バランス理論，多変量解析，数理社会心理学
著者から一言　私がソシオン理論に初めて触れたのは大学一回生の時でした。藤澤等先生が「これからの社会心理学には，これしかない」という感じで熱く語られたのをよく覚えています。その頃はすでに完成された理論としてそういうものがあるのだと思っていましたが，よくよく自分で考えるようになるとそうでもないな，ということがだんだんわかってきました。ということは，まだまだ楽しむ余地が残っているといえそうです。これからもソシオン理論といっしょに，成長していきたいと思っています。

藤澤 隆史（ふじさわ・たかし）　担当者（J）
1975年　大阪府に生まれる
2004年　関西大学大学院総合情報学研究科博士課程修了
現　在　関西学院大学ヒューマンメディア研究センター研究員（PD）
学位・資格　博士（情報学）
主著・論文　コネクショニストモデルと心理学（分担執筆）　北大路書房　2001年
　　　　　　バランス理論と固有値分解（共著）　理論と方法, **19**(1), 87-100.　2004年
　　　　　　Evaluation of the Affective Valence of Normal Speech Using Pitch Substructure. （共著）　IEEE Transactions on Audio, Speech, and Language Processing, **14**(1), 142-151, 2006.
研究・関心領域　社会心理学（ソシオン理論，家族システム論）
　　　　　　　　認知心理学（音楽と音声の感性情報処理，音楽理論）
著者から一言　人間の心理と社会性を考えるうえで，ソシオン理論はこれまでの概念を整理・統合し，新たな疑問と仮説を提供してくれます。人間科学の現象は複雑でとらえどころがないものですが，ソシオン理論は，人間理解のために「最低限の複雑性」を備えたものであるといえます。したがって，ソシオン理論にはさまざまな発展型が考えられうるのであり，読者のみなさんが何らかの形でその発展に参加されることを切に願っています。

渡邊　太（わたなべ・ふとし）　担当者（W）
1974年　大阪府に生まれる
1997年　関西大学社会学部卒業
2003年　大阪大学大学院人間科学研究科博士後期課程修了
現　在　大阪大学大学院法学研究科特任研究員／カフェ太陽2店主
学位・資格　博士（人間科学），専門社会調査士
主著・論文　復興と宗教（共著）　東方出版　2001年
　　　　　　「心のケア」の諸相―阪神淡路大震災被災地の宗教意識調査から　ソシオロジ，45巻3号, 19-34.　2001年
　　　　　　新世紀の宗教（共著）　創元社　2002年
　　　　　　ソシオン・コミュニケーションの多重媒介モデル（共著）　関西大学社会学部紀要, **36**(1), 75-117.　2005年
研究・関心領域　負の感情，超越性とネットワーク，ローカルな文化と記録
著者から一言　オウム真理教事件について講義されていた木村洋二先生との出会いによって，私はソシオン理論というものを知りました。ソシオンとは，ヤマタノオロチのネットワーク理論である，と。その後ソシオンの論文を見つけて，そこに現れたネットワークの図解がまるで密教の曼荼羅みたいだったので，びっくりしました。社会学としてのソシオン理論は，どこか神話的想像力に通じる部分があるように思います。

清水裕士（しみず・ひろし）　担当者（S）

1980年　大阪府に生まれる
2005年　大阪大学大学院人間科学研究科博士前期課程修了
現　在　大阪大学大学院人間科学研究科博士後期課程
主著・論文　恋愛関係の愛情・関係評価に及ぼす相互作用パターンの影響　対人社会心理学研究, **4**, 113-120. 2004年
　　　　　　福祉・心理・看護のテキストマイニング入門（分担執筆）　中央法規　2005年
　　　　　　恋愛関係における関係性認知が精神的健康に及ぼす影響　対人社会心理学研究, **5**, 59-65. 2005年
研究・関心領域　親密な対人関係，対人コミュニケーション，階層的データ解析
著者から一言　私がソシオン理論に触れたのは学部生のとき。著者の一人でもある先輩からすすめられました。突拍子もない理論だなという印象と，広大な可能性を同時に感じたのを今でも覚えています。私は直接ソシオン理論を学んだわけではないので，第2世代というより，2.5世代なのかもしれません。これより先，3世代，4世代とソシオン論者が増えてくれることを願っています。

石盛真徳（いしもり・まさのり）　担当者（I）

1973年　岐阜県に生まれる
2001年　大阪大学大学院人間科学研究科博士後期課程単位取得退学
現　在　京都光華女子大学人間関係学部助教授
主著・論文　わたしそしてわれわれ　ミレニアムバージョン―現代に生きる人のための心理学テキストブック（共著）　北大路書房　2004年
　　　　　　二者間データ分析へのペアワイズ・アプローチ　対人社会心理学研究, 第4号, 127-133. 2004年
　　　　　　コミュニティ意識とまちづくりへの市民参加：コミュニティ意識尺度の開発を通じて　コミュニティ心理学研究, **7**, 87-98. 2004年
　　　　　　社会的感情に関する一考察　年報人間関係学, **8**, 13-24. 2005年
研究・関心領域　対人関係，対人魅力，社会的感情，コミュニティ心理学，地域情報化
著者から一言　私自身はソシオン理論の生まれる現場にはまったく立ち会っていないので，自分を第1世代だとはおこがましくてとても言えません。しかし，ある程度できあがったソシオン理論を学んだ第2世代かといわれると若干の違和感があります。そう，自分ではソシオンが理論として固まっていく過程，いわば開発途上のβ版ソシオンをリアルタイムで知っているという意味で，1.5世代だと認識しています。そんな10年以上前の学部生の頃は「ソシオンこそが社会心理学の王道だ」とある意味洗脳されてもいたが，紆余曲折の結果，今ではそれが何だか一巡したみたいで，冷静に「なかなかすごいやん」と感じています。

ソシオン理論入門　心と社会の基礎科学

| 2006年4月1日 | 初版第1刷印刷 | 定価はカバーに表示 |
| 2006年4月10日 | 初版第1刷発行 | してあります。 |

監　修　者　　藤　澤　　　　等
編　著　者　　小　杉　考　司
　　　　　　　藤　澤　隆　史
　　　　　　　渡　邊　　　太
　　　　　　　清　水　裕　士
　　　　　　　石　盛　真　徳

発　行　所　　㈱ 北 大 路 書 房
〒603-8303　京都市北区紫野十二坊町12-8
電話　(075) 431-0361㈹
FAX　(075) 431-9393
振替　01050-4-2083

Ⓒ2006　制作　ラインアート日向・華洲屋　印刷／製本　㈱太洋社
検印省略　落丁・乱丁本はお取り替えいたします。

ISBN4-7628-2500-X　　Printed in Japan

北大路書房の「ソシオン」関連書籍

最新刊 カトリーヌちゃんのサイコロ
〜ソシオン理論で読み解く人間関係〜

関阪千里 著／ソシオンジュニア研究会 監修
■四六判・144頁　定価1470円

ネットワークという視点から個人や社会について考えるソシオン理論。それは，哲学や心理学が教えてくれない心と社会の問題に答える"最後の砦"。人間関係が難しいのはいったいどうして？　なぜあの人に恋するんだろう？　好き・嫌いの感情はどうやって生まれるの？　……カトリーヌが悩んだり，とまどったりする問題を，あなたもいっしょに考えてみませんか？　ソシオン理論というツールを使えば，きっと新たな視界が開けるはずです。『ソシオン理論入門』の姉妹編！

ソシオンシリーズ＜社会－心理＞

0巻 ＊ソシオン理論のコア　心と社会のネットワーク
藤澤等 著　■A5判上製・158頁　定価2100円
心と社会は同じ社会関係を映した二重鏡のネットワーク。シリーズの核となる「社会－個人」モデル。

1巻 ＊複合システム・ネットワーク論　心と社会のシステム論
藤澤等 著　■A5判上製・242頁　定価2940円
心と社会は自己組織，適応，発達，進化する複合システムのネットワークである！

2巻 ＊「関係科学」への道　社会－心理事象の解明に向けて
藤澤等 著　■A5判上製・228頁　定価2625円
「関係」の哲学を科学し，関係の機能構造から「関係の科学」を提唱する。

3巻 家族システム論
ソシオン理論のシステム・アプローチから，家族関係の新たなとらえ方，その構造と機能を実証的データとともに検証する。

4巻 社会－心理学
ソシオン理論を適用した社会心理学の「読み直し」と「新領域の展開」を探る。

5巻 ソシオンの計算理論　心と社会のシミュレーション
ネットワーク・シミュレーションとソシオン・ゲームによる集団事態への計算論的アプローチ。

（＊は既刊，以下続刊予定）

価格はすべて税込みです。

ソシオンモデルによる

応 用 型

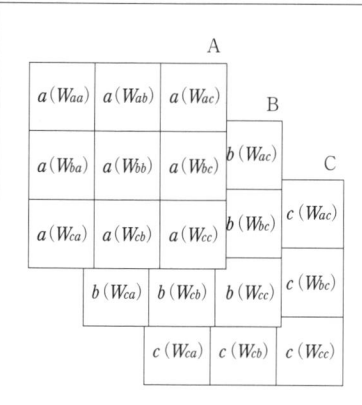

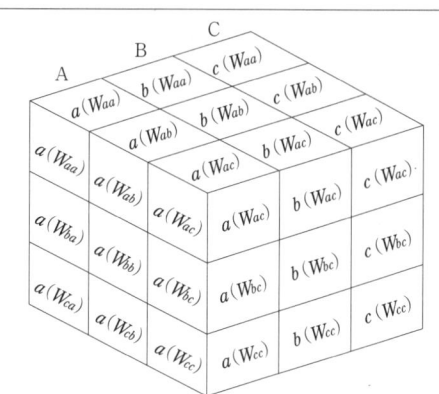

二層ソシオマトリックス

ソシオキューブ

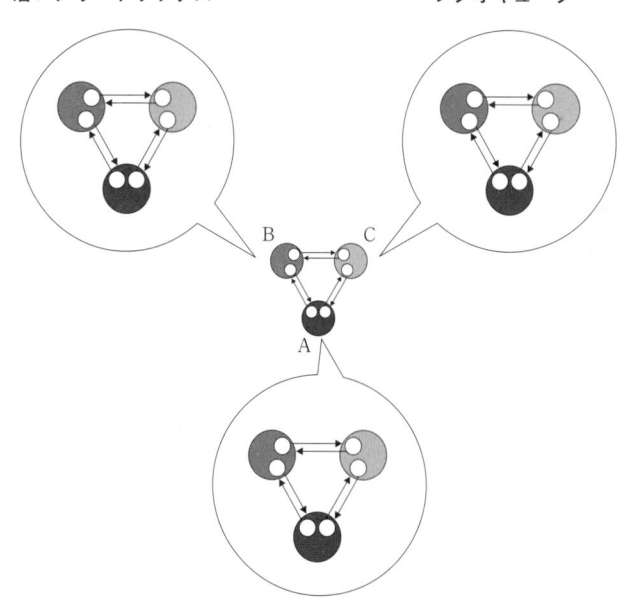

ふきだしモデル

　二層ソシオマトリックスとソシオキューブは，同じ情報を異なる方法で表現しているに過ぎない。ふきだしモデルは，Cモードの情報も書き込めるというメリットがあるが，理論的には想定できるCモードを実証的にとらえる方法はない。
　直観的にはふきだしモデルによる表現が，構造的にはキューブによる表現が，統計的データとして扱うためにはマトリックス表現がわかりやすいだろう。